Conoce tu
Biblia
para niños

Donna K. Maltese

Ilustrado por David Miles

inspiración para la vida
⌂CASA PROMESA
Una división de Barbour Publishing, Inc.

Introducción

A través de sesenta y seis libros, 1.189 capítulos y cientos de miles de palabras, la Biblia comparte un asombroso mensaje: Dios te ama.

Desde Génesis, en el que Dios crea a los seres humanos, a Apocalipsis, en el que Dios enjuga todas las lágrimas, la Biblia comprueba que Dios se preocupa grandemente por su pueblo. Su grande amor es visto en la muerte de su Hijo, Jesucristo, en la cruz. Ese sacrificio por el pecado permite que cualquiera pueda estar bien con Dios, mediante la fe en Jesús.

Estas verdades se encuentran en las páginas de la Palabra de Dios. Pero a veces pueden ser sepultadas por la tonelada de información contenida en la Biblia. Por ello se escribió *Conoce tu Biblia para niños*.

Es este pequeño libro encontrarás breves bosquejos de los sesenta y seis libros. Cada uno explica de qué se trata el libro, y te recuerda que Dios ama a su pueblo y se preocupa por él. Cada bosquejo sigue el siguiente esquema:

- ¿Quién escribió el libro? El autor conocido o quien más probablemente lo haya escrito.
- ¿Cuándo se escribió el libro? La fecha en que fue escrito o el período que cubre el libro.
- ¿De qué trata el libro? La idea principal del libro en una palabra, seguida de algunos detalles.
- ¿Qué versículo del libro se destaca? Una cita importante tomada del libro.
- ¿Qué significa? Una explicación del versículo.
- ¿Y qué con eso? Una cuestión para pensar.

Vale la pena estudiar tu Biblia. ¡Utiliza este libro para emprender un viaje que podría cambiar tu vida!

Génesis

¿Quién escribió Génesis?

El libro no lo especifica; pero la mayoría cree que fue Moisés.

¿Cuándo se escribió Génesis?

Moisés vivió hace aproximadamente 3.500 años; ¡pero la historia de Génesis se remonta al mismo principio de los tiempos!

¿De qué trata Génesis?

En una palabra: Comienzos.

En unas cuantas palabras: Génesis habla de cómo creó Dios todo el universo, con tan solo hablar. Dios habló y fueron la luz y las tinieblas. Dios habló, y la Tierra tuvo cielos, mares y tierra. Dios habló, y hubo plantas, peces, aves y animales. Pero Dios hizo a las *personas* de manera especial: Él creó a Adán de la tierra, y a Eva de una costilla de Adán.

Génesis además nos habla sobre:

- El comienzo del pecado: cuando Adán y Eva desobedecieron a Dios en el Huerto de Edén.
- Noé y su arca llena de animales.
- Un hombre muy importante, llamado Abraham.
- Los hijos, nietos y otros familiares de Abraham –Isaac, Jacob, José–, y el «pueblo de Israel»: el pueblo escogido de Dios.

¿Qué versículo de Génesis se destaca?

Abram [el nombre original de Abraham] creyó al Señor, y el Señor lo reconoció a él como justo.
GÉNESIS 15.6

¿Qué significa?

La *fe* es creer en Dios: creer que Dios existe y que lo que Él dice es verdad. ¡Cuando tenemos fe en Dios, Él se alegra! (Descubre más en Hebreos 11.6).

¿Y qué con eso?

Dios te hizo con un propósito especial: para caminar cerca de Él. Tu viaje apenas está comenzando.

Éxodo

¿Quién escribió Éxodo?

El libro no lo especifica; pero la mayoría cree que fue Moisés.

¿Cuándo se escribió Éxodo?

Moisés le ayudó al pueblo de Dios a salir de Egipto. Él vivió hace aproximadamente 3.500 años.

¿De qué trata Éxodo?

En una palabra: Salida.

En unas cuantas palabras: Éxodo nos relata cómo el pueblo de Dios –los israelitas– se volvieron esclavos en Egipto. Cuando clamaron a Dios, Él los escuchó. Él levantó a Moisés para salvarlos. Después de que Dios enviara diez plagas a Egipto, su rey –el Faraón– dejó que los israelitas se marcharan. Pero luego cambió de opinión. Entonces, Dios partió el mar Rojo y su pueblo escapó.

Éxodo además nos habla sobre:

- Los Diez Mandamientos: la lista de reglas de Dios.
- La adoración de un becerro de oro.
- El pilar de nubes y el pilar de fuego de Dios.
- El maná: el pan especial del cielo.

¿Qué versículo de Éxodo se destaca?

He oído además el gemir de los israelitas [...] Así que ve y diles a los israelitas: «Yo soy el Señor, y voy a quitarles de encima la opresión de los egipcios. Voy a librarlos de su esclavitud; voy a liberarlos con gran despliegue de poder y con grandes actos de justicia».
ÉXODO 6.5-6

¿Qué significa?

Cuando Dios escucha nuestro clamor, Él nos ayuda, porque nos ama. Es por ello que envió a Moisés a salvar a los israelitas. Y es por ello que envió a Jesús: para salvarnos.

¿Y qué con eso?

Cuando estés en problemas, Dios siempre te ayudará a encontrar la salida.

Levítico

¿Quién escribió Levítico?

El libro no lo especifica; pero la mayoría cree que fue Moisés.

¿Cuándo se escribió Levítico?

Hace aproximadamente 3.500 años.

¿De qué trata Levítico?

En una palabra: Santidad.

En unas cuantas palabras: *Levítico* significa «acerca de los levitas»: integrantes de la familia de Leví. Los levitas debían ser ministros de Dios. En Levítico, Dios le dice a su pueblo cómo servir, obedecer y adorarlo: cómo ser *santos*. Luego Dios menciona todas las bendiciones de obedecerlo. Es un libro lleno de *reglas*: leyes bajo las cuales vivir.

Levítico además nos habla sobre:
- Qué debía de sacrificar la gente.
- Qué animales podía comer.
- El hermano de Moisés, Aarón, quien fue el primer sumo sacerdote.
- Los días santos especiales como el Sabbat y la Pascua.

¿Qué versículo de Levítico se destaca?

Sean santos, porque yo, el Señor su Dios, soy santo.
LEVÍTICO 19.2

¿Qué significa?

La palabra *santos* aparece 150 veces en Levítico. Significa ser puros y apartados: solo para Dios y solo *como* Dios. En los días de Moisés, las personas mataban animales («sacrificios»), porque no eran santos. Más tarde, Jesús murió en la cruz para hacernos santos: un sacrificio, una sola vez, para todos.

¿Y qué con eso?

Tú no tienes que seguir las reglas de Levítico para ser santo. Pero sí tienes que adorar al Dios santo mediante Jesucristo. Así que trátalo con respeto.

Números

¿Quién escribió Números?

El libro no lo especifica; pero la mayoría cree que fue Moisés.

¿Cuándo se escribió Números?

Hace aproximadamente 3.500 años.

¿De qué trata Números?

En una palabra: Divagación.

En unas cuantas palabras: Números comienza contando guerreros, y es así como el libro obtuvo su nombre. Luego de contar 603.550 combatientes, los israelitas comienzan una marcha de doscientas millas hacia la Tierra Prometida de Canaán. ¡Debido al temor, la picardía y la queja del pueblo, ellos vagaron en el desierto durante cuarenta años!

Números además nos habla sobre:

- Espías que reportan una tierra llena de gigantes.
- La valentía de Josué y de Caleb.
- La tierra que se traga a los quejumbrosos.
- Moisés, quien golpeó (en lugar de hablarle) a la roca que Dios dijo que les proveería agua milagrosa.

¿Qué versículo del libro se destaca?

Si el Señor se agrada de nosotros, nos hará entrar en ella. ¡Nos va a dar una tierra donde abundan la leche y la miel!
NÚMEROS 14.8

¿Qué significa?

Doce espías exploraron la Tierra Prometida donde vivían gigantes. Diez espías dijeron que los israelitas eran como langostas comparados con los gigantes. Solamente dos –Josué y Caleb– sabían que Dios es más grande que cualquier persona o cosa. Ellos fueron fieles y valientes. De manera que Dios solamente permitió que Josué y Caleb entraran en la Tierra Prometida.

¿Y qué con eso?

Mantén tus ojos puestos en Dios. Él es mayor que cualquier gigante. Y Dios no permitirá que vagues. Él te llevará a una tierra de abundancia. ¡Esa es una promesa!

Deuteronomio

¿Quién escribió Deuteronomio?

El libro no lo especifica, pero la mayoría cree que fue Moisés, con excepción de los últimos ocho versículos, los cuales cuentan acerca de la muerte de Moisés.

¿Cuándo se escribió Deuteronomio?

Hace aproximadamente 3.500 años.

¿De qué trata Deuteronomio?

En una palabra: Recordar.

En unas cuentas palabras: En Deuteronomio, Moisés tiene 120 años. Había pasado cuarenta años en el desierto. Todo el pueblo que escapó de Egipto había muerto –con excepción de Josué, Caleb y Moisés–. De manera que Moisés les relata a los israelitas la historia de su divagación en el desierto, y le repite las reglas de Dios a la nueva generación. (La palabra *Deuteronomio* significa «nueva ley».)

Deuteronomio además nos habla sobre:

- La enorme cama de hierro del rey Og.
- Moisés vio la Tierra Prometida desde el monte Nebo.
- Moisés muere y es enterrado por Dios.
- Josué se vuelve el nuevo líder de los israelitas.

¿Qué versículo de Deuteronomio se destaca?

Por todo el camino que han recorrido, hasta llegar a este lugar, ustedes han visto cómo el Señor su Dios los ha guiado, como lo hace un padre con su hijo.
DEUTERONOMIO 1.31

¿Qué significa?

Moisés le recordó al pueblo la manera en que Dios los ayudó. Dios les hizo milagros –tal como partir el mar Rojo para que pudieran escapar de Egipto–. Él los dirigió por el desierto. Él les proveyó un alimento especial llamado maná; y los condujo hacia la seguridad.

¿Y qué con eso?

Nunca olvides cómo te ha bendecido Dios. Él te llevó ayer. Él te lleva hoy. Y Él te llevará mañana. Estás a salvo en sus brazos. Recuerda, Dios reina.

Josué

¿Quién escribió Josué?

El libro no lo especifica; pero la mayoría cree que fue Josué, con excepción de los últimos cinco versículos, que relatan sobre la muerte de Josué.

¿Cuándo se escribió Josué?

Hace aproximadamente 3.400 años.

¿De qué trata Josué?

En una sola palabra: Victoria.

En unas cuantas palabras: Moisés murió. Josué es el nuevo líder de los israelitas. Y él es quien los lleva a la Tierra Prometida de Canaán. Las palabras de Dios le dan valentía al nuevo líder. De manera que Josué dirige en batalla a su pueblo. La primera parada: Jericó. Con la ayuda de Dios, los muros de la ciudad se caen. Los israelitas ganan la batalla.

Josué además nos habla sobre:

- Rajab y los espías.
- Dios parte el río Jordán.
- Dios hace que el sol se detenga durante una batalla.
- Cada tribu obtiene una parte de la Tierra Prometida.

¿Qué versículo de Josué se destaca?

¡Sé fuerte y valiente! ¡No tengas miedo ni te desanimes! Porque el Señor tu Dios te acompañará dondequiera que vayas.
Josué 1.9

¿Qué significa?

Dios le dijo a Josué que fuera valiente. Él también le dijo que estaría con él sin importar a dónde fuera. Josué creyó las palabras de Dios. Por lo tanto, pudo dirigir a su pueblo a grandes victorias.

¿Y qué con eso?

No temas a nada. Tú tienes a Dios. Él puede hacerlo todo. Él está contigo dondequiera que vas. Él te ayudará a ganar cualquier batalla.

Jueces

¿Quién escribió Jueces?

El libro no lo especifica; pero algunos creen que fue el profeta Samuel.

¿Cuándo se escribió Jueces?

Hace aproximadamente 3.000 años. Pero algunas de sus historias sucedieron hace 3.400 años.

¿De qué trata Jueces?

En una palabra: Rescatadores.

En unas cuantas palabras: Después de que muere Josué, los israelitas toman un descanso de sacar a los pueblos paganos de su tierra. (*Paganos* son las personas que adoran a cosas llamadas *ídolos*, en lugar de adorar a Dios.) Pero el pueblo de Dios también comienza a adorar ídolos. Y eso solamente los mete en problemas. Cuando los israelitas claman a Dios por ayuda, Él envía jueces para rescatarlos.

Jueces también nos habla sobre:
- Débora, una profetiza, esposa, jueza y líder del ejército.
- Jael, una mujer que mató a un general.
- Gedeón y su vellón.
- Sansón y su gran fuerza.

¿Qué versículo de Jueces se destaca?

En aquella época no había rey en Israel; cada uno hacía lo que le parecía mejor.
JUECES 21.25

¿Qué significa?

Los israelitas estaban yendo en círculos. Primero, ellos habían desobedecido a Dios. Luego habían clamado a Él. Dios enviaría jueces a rescatar a los israelitas. Y durante un tiempo se comportaban. Pero luego volvían a desobedecer a Dios: haciendo lo que a «cada uno le parecía mejor».

¿Y qué con eso?

La única manera de permanecer sin problemas: No hacer lo que *te parece* mejor; sino hacer lo que *Dios diga* que está bien.

Rut

¿Quién escribió Rut?

El libro no lo especifica; pero algunos creen que fue el profeta Samuel.

¿Cuándo se escribió Rut?

Hace aproximadamente 3.100 años.

¿De qué trata Rut?

En una palabra: Fiel.

En unas cuantas palabras: Rut era una mujer de Moab. Ella se desposó con un hombre judío. Cuando él murió, ella siguió fielmente a su suegra, Noemí, a Belén. Una vez ahí, Rut necesitó trabajar para que ambas se alimentaran. De manera que recogía grano en los campos de un hombre adinerado llamado Booz, pariente de Noemí.

Rut también nos habla sobre:

- Rut dejó su hogar para vivir con extraños.
- Booz y Rut se enamoran, luego se casan.
- Booz salva a Rut y a Noemí de la pobreza.
- Rut da a luz a Obed, quien fue el abuelo del rey David.

¿Qué versículo de Rut se destaca?

Porque iré adonde tú vayas, y viviré donde tú vivas. Tu pueblo será mi pueblo, y tu Dios será mi Dios.
RUT 1.6

¿Qué significa?

Cuando su esposo murió, Rut pudo haber permanecido en su propio país. Eso habría sido lo más fácil. En cambio, ella siguió a Noemí a una tierra extraña. Debido a que Rut le fue fiel a Noemí, Dios le dio muchas bendiciones.

¿Y qué con eso?

Cuando le eres fiel a Dios, Él se asegurará de recompensarte. Confía en Él. Síguelo y Él te bendecirá.

1 Samuel

¿Quién escribió 1 Samuel?

El libro no lo especifica; pero algunos creen que Samuel pudo haber sido escrito en partes.

¿Cuándo se escribió 1 Samuel?

Hace aproximadamente 3.000 años.

¿De qué trata 1 Samuel?

En una sola palabra: Reyes.

En unas cuantas palabras: Los jueces han estado dirigiendo Israel. Y Dios era el rey sobre todos ellos. Pero ahora, la gente desea un rey humano, como las demás naciones. El sacerdote Samuel no cree que sea una buena idea. Pero Dios le dice que corone rey a un hombre llamado Saúl. Saúl comete muchos errores. De manera que Dios le dice a Samuel que haga a David el siguiente rey.

Primero de Samuel además nos habla sobre:

- Dios responde la oración de Ana por un hijo: Samuel.
- David, el chico pastor, mata al gigante Goliat.
- El rey Saúl le arroja una lanza a David, ¡dos veces!
- La gran amistad de Jonatán y David.

¿Qué versículo de 1 Samuel se destaca?

Pero el Señor le dijo: «Considera seriamente todo lo que el pueblo te diga. En realidad, no te han rechazado a ti, sino a mí, pues no quieren que yo reine sobre ellos».
1 SAMUEL 8.7

¿Qué significa?

Los israelitas deseaban ser como los demás pueblos: tener un rey humano que gobernara sobre ellos. Pero cuando echaron del trono a Dios, problemas les siguieron.

¿Y qué con eso?

Es mejor mantener tus ojos en Dios que en la gente. Deja que Él –y nadie más– sea el Rey de tu corazón y de tu vida.

2 Samuel

¿Quién escribió 2 Samuel?

El libro no lo especifica. El autor no pudo haber sido Samuel –él estaba muerto cuando se escribió este libro–. Algunos creen que lo escribió Abiatar, un sacerdote.

¿Cuándo se escribió 2 Samuel?

Hace aproximadamente 3.000 años.

¿De qué trata 2 Samuel?

En una sola palabra: Reinos.

En unas cuantas palabras: Luego de que el rey Saúl fuera muerto en batalla, David se convierte en rey de Judá. Él es un buen guerrero y gana muchas batallas. Pero luego David se enamora de una mujer casada, Betsabé, y vienen problemas familiares. Su hijo, Absalón, muere intentando robar el reino. Al final, David gobierna sobre todo Israel una vez más.

Segundo de Samuel además nos habla sobre:

- El rey Saúl y Jonatán mueren en batalla.
- Los más grandes guerreros de David, llamados «los valientes».
- ¡Un gigante con seis dedos en cada mano y seis dedos en cada pie!
- El nacimiento de Salomón, el siguiente rey.

¿Qué versículo de 2 Samuel se destaca?

Me libró de mi enemigo poderoso, de aquellos que me odiaban y que eran más fuertes que yo.
2 SAMUEL 22.18

¿Qué significa?

El rey David era un hombre conforme al corazón de Dios; pero también era solo un hombre. Él cometió errores, y pagó por algunas cosas malas que hizo. Pero Dios siempre estuvo ahí para David, listo para intervenir y salvarlo una y otra vez.

¿Y qué con eso?

No tienes que ser perfecto para servir a Dios. Solo estar dispuesto a amarlo, conocerle y agradarle. Hazle saber que deseas servirle en su Reino.

1 Reyes

¿Quién escribió 1 Reyes?

El libro no lo especifica; pero algunos creen que fue el profeta Jeremías.

¿Cuándo se escribió 1 Reyes?

Estas historias sucedieron hace aproximadamente 3.000 años. Pero el libro fue probablemente escrito alrededor de 260 años más tarde.

¿De qué trata 1 Reyes?

En una sola palabra: División.

En unas cuantas palabras: Luego de la muerte del rey David, su hijo Salomón se vuelve gobernante. El nuevo rey comienza a construir un templo para Dios. Luego, el sabio Salomón hace algo no tan inteligente: se casa con muchas mujeres extranjeras que le alejan de Dios. Cuando Salomón muere, la nación de Israel se divide en dos reinos: Judá e Israel.

1 Reyes además nos habla sobre:

- El trono de marfil del rey Salomón.
- La visita que la reina de Sabá le hace a Salomón.
- El malvado rey Acab y su perversa esposa, Jezabel.
- El profeta Elías es alimentado por cuervos.

¿Qué versículo de 1 Reyes se destaca?

Como has pedido esto, [...] voy a concederte lo que has pedido. Te daré un corazón sabio y prudente.
1 REYES 3.11-12

¿Qué significa eso?

Cuando oramos, Dios nos da lo que hemos pedido –si eso es lo que Él desea darnos–. Salomón pidió sabiduría, ¡y la obtuvo! Pero luego comenzó a adorar a los dioses de sus esposas. Él se alejó del único Dios verdadero, y su reino fue dividido.

¿Y qué con eso?

No permitas que nadie divida tu corazón de Dios y sus bendiciones.

2 Reyes

¿Quién escribió 2 Reyes?

El libro no lo especifica; pero algunos creen que fue el profeta Jeremías.

¿Cuándo se escribió 2 Reyes?

Estas historias ocurrieron hace 2.800 a 2.500 años. Pero el libro probablemente fue escrito 100 años después.

¿De qué trata 2 Reyes?

En una palabra: Acudir.

En unas cuantas palabras: ¡Vamos, vamos, fuimos! El reino continúa dividido en dos naciones. Diecinueve reyes gobiernan Israel. Luego, la nación es destruida. Otros reyes –la mayoría de ellos malvados– gobiernan Judá, la cual es la siguiente en ser destruida. Casi todo el pueblo de Dios es sacado de sus casas.

2 Reyes además nos habla sobre:

- El profeta Elías es llevado al cielo en un carro de fuego.
- Dios resucita al hijo de una viuda.
- La malvada Jezabel se cae por la ventana.
- Dios hizo que una sombra retrocediera diez grados.

¿Qué versículo de 2 Reyes se destaca?

Entonces Eliseo oró: «Señor, ábrele a Guiezi los ojos para que vea.» El Señor así lo hizo, y el criado vio que la colina estaba llena de caballos y de carros de fuego alrededor de Eliseo.
2 REYES 6.17

¿Qué significa?

Eliseo tenía una gran fe. Él sabía que Dios nos da cosas que los demás no pueden ver. Eso le dio a Eliseo valentía, paz y poder de oración.

¿Y qué con eso?

No te preocupes por nada. Dios te tiene en sus manos. Él está haciendo cosas que posiblemente no veas. Solo cree.

1-2 Crónicas

¿Quién escribió 1-2 Crónicas?

El libro no lo especifica. Algunos creen que fue Esdras el sacerdote.

¿Cuándo se escribió 1 Crónicas?

Las historias sucedieron hace aproximadamente 3.000 años. Se escribió aproximadamente 400 años más tarde.

¿De qué trata 1-2 Crónicas?

En una palabra: David (1); el Templo (2).

En unas cuantas palabras: Este libro relata la historia del pueblo de Dios desde el comienzo, empezando con Adán. Luego continúa con el más grande rey de Israel, David, de la tribu de Judá. Aquí aprendemos cómo gobernó y dirigió al pueblo a adorar. Sobre todo, leemos sobre la promesa de Dios: reyes de la familia de David que gobiernan por siempre y siempre.

En unas cuantas palabras: Salomón se convierte en rey. Él construye un templo para Dios y un palacio para sí. Pero luego de la muerte de Salomón, la nación judía se divide. Una reina y diecinueve reyes gobiernan Judá: solamente unos cuantos son buenos. Los babilonios destruyen Jerusalén. El rey persa, Ciro, deja que los judíos regresen a reconstruir el templo.

1-2 Crónicas además nos habla sobre:
- La muerte del rey Saúl en una batalla.
- La gloria de Dios llena el templo.
- Un líder santo llamado Josías, quien se convierte en rey a los ocho años.

- Los enemigos se destruyen entre sí luego de que el rey Josafat y el pueblo alaban a Dios

¿Qué versículos de 1-2 Crónicas son destacables?

Al contrario, para siempre lo estableceré en mi casa y en mi reino, y su trono será firme para siempre.
1 Crónicas 17.14

Confía en Dios y tus preocupaciones se convertirán en alabanza.
2 Crónicas 20.17

¿Qué significa?

David pertenecía a la «tribu [o familia] de Judá», de Israel. Él fue un gran rey y muy especial para Dios. De manera que Dios le prometió a David que gente de la familia del rey –Judá– siempre gobernaría. ¡La promesa se volvió realidad! ¡Jesús, un descendiente de David, gobernará por siempre y siempre!
Aun en tiempos difíciles podemos alabar a Dios. Al hacerlo, Él pelea, y gana, nuestras batallas.

¿Y qué con eso?

Tú siempre puedes confiar en Dios. ¡Cuando Él hace una promesa, la cumple!

Esdras

¿Quién escribió Esdras?

El libro no lo especifica; pero algunos creen que fue Esdras, un sacerdote.

¿Cuándo se escribió Esdras?

Hace aproximadamente 2.500 años.

¿De qué trata Esdras?

En una palabra: Rehacer.

En unas cuantas palabras: Los babilonios habían destruido Jerusalén unos cincuenta años antes. Ellos sacaron de sus casas a los judíos. Pero ahora, el rey persa, Ciro, es el más poderoso. Él permite que 42.000 judíos regresen de Israel para rehacer el templo. Aproximadamente setenta años después, Esdras y 2.000 judíos más regresan a casa. Ahí, el sacerdote le enseña a su pueblo la ley de Dios.

Esdras además nos habla sobre:

- Los judíos recuperan los tesoros del templo.
- Los enemigos intimidan a los israelitas.
- El templo es reconstruido en Jerusalén.
- El pueblo tiembla luego de escuchar la Palabra de Dios.

¿Qué versículo de Esdras se destaca?

En realidad, sentí vergüenza de pedirle al rey que nos enviara un pelotón de caballería para que nos protegiera de los enemigos, ya que le habíamos dicho al rey que la mano de Dios protege a todos los que confían en él, pero que Dios descarga su poder y su ira contra quienes lo abandonan.
ESDRAS 8.22

¿Qué significa?

Dios nos da trabajo que hacer. Cuando caminamos en fe, Dios nos da todo lo que necesitamos para llevar a cabo el trabajo.

¿Y qué con eso?

Pon a trabajar tu fe. Ora a Dios con todo tu corazón. Él te ayudará a hacer lo que necesites hacer... ¡o rehacer!

Nehemías

¿Quién escribió Nehemías?

Las palabras son de Nehemías. Pero algunos dicen que fueron puestas en papel por el sacerdote Esdras.

¿Cuándo se escribió Nehemías?

Hace 2.500 años aproximadamente.

¿De qué trata Nehemías?

En una palabra: Muros.

En unas cuantas palabras: Nehemías es el copero del rey persa. Al saber que los muros de Jerusalén estaban estropeados, Nehemías se entristece bastante. De manera que el rey Artajerjes le permite ir a casa a reconstruir los muros. Los enemigos de los israelitas intentan hacer muchas cosas para detener la obra. Pero Dios está con su pueblo, por lo que los muros se construyen en 52 días. ¡Y todo el pueblo de Dios se regocija!

Nehemías además nos habla sobre:

- Cómo las puertas de Jerusalén habían sido incendiadas.
- Hombres armados con lanzas, arcos y espadas protegen a los trabajadores.
- Enemigos planean matar a Nehemías.
- Nehemías le advierte al pueblo sobre olvidar las leyes de Dios.

¿Qué versículo de Nehemías se destaca?

Yo le contesté: El Dios del cielo nos concederá salir adelante. Nosotros, sus siervos, vamos a comenzar la reconstrucción.
NEHEMÍAS 2.20

¿Qué significa?

Nehemías sabía en lo profundo de su corazón que Dios se aseguraría de que los muros fueran reconstruidos. Cuando nos aseguramos de que Dios hará algo, eso nos da confianza. ¡Y al confiar en Dios y en nosotros mismos, podemos hacerlo todo!

¿Y qué con eso?

Si estás seguro de que Dios desea que triunfes, ¡lo harás! ¡Nada se interpondrá en tu camino!

Ester

¿Quién escribió Ester?

El libro no lo especifica; pero algunos creen que pudo haber sido Esdras o Nehemías.

¿Cuándo se escribió Ester?

Hace aproximadamente 2.500 años.

¿De qué trata Ester?

En una palabra: Valentía.

En unas cuantas palabras: Ester era una hermosa huérfana judía que tenía un pariente: su primo Mardoqueo. El rey persa, Asuero eligió a Ester como su reina. Él no sabía que era judía. Cuando el oficial del rey, Amán, intentó mandar matar a todos los judíos, Ester fue muy valiente. Ella le pidió al rey que la salvara a ella... y a su pueblo. ¡Y lo hizo!

Ester además nos habla sobre:
- La vida de una mujer en el palacio del rey.
- Cómo Mardoqueo salvó a Asuero.
- Amán fue colgado por sus actos malvados.
- Los judíos celebran la primera fiesta de Purim.

¿Qué versículo de Ester se destaca?

Si ahora te quedas absolutamente callada, de otra parte vendrán el alivio y la liberación para los judíos, pero tú y la familia de tu padre perecerán. ¡Quién sabe si no has llegado al trono precisamente para un momento como éste!
ESTER 4.14

¿Qué significa?

Ester podía ser valiente y hablar con el rey, o quedarse callada y perder la vida. Ella confió en Dios. De manera que dio un paso de fe e hizo lo correcto. Y Dios los bendijo a ella... ¡y a su pueblo!

¿Y eso qué?

Cuando te encuentras en un lugar difícil, posiblemente sea porque Dios quiere usarte. Entonces sé valiente y haz el bien... ¡y tendrás bendiciones como resultado!

Job

¿Quién escribió Job?

El libro no lo especifica.

¿Cuándo se escribió Job?

Nadie lo sabe en realidad. Pero muchos creen que es uno de los libros más antiguos de la Biblia –quizá tenga más de 4.000 años–.

¿De qué trata Job?

En una palabra: Sufrimiento.

En unas cuantas palabras: Job es un hombre rico con diez hijos y muchos animales. Y él es un hombre muy bueno, de manera que Dios se lo señala a Satanás. El diablo le pide a Dios que le permita probar la fe de Job. Dios acepta. Entonces Satanás acaba con todos los animales y los hijos de Job. Luego Satanás ataca la salud de Job. Pero no importa lo que suceda, la fe de Job permanece en Dios.

Job además nos habla sobre:

- La esposa de Job, quien le dice: «Maldice a Dios y muere».
- Los amigos de Job, quienes intentan culpar a Dios de sus propios problemas.
- Dios se acerca a Job en un remolino.
- ¡Dios bendice a Job más que nunca!

¿Qué versículo de Job se destaca?

He aquí, aunque él me matare, en él esperaré.
JOB 13.15

¿Qué significa?

No importa cuánto sufriera Job, él continuó confiando en Dios. Entonces Dios recompensó la fe y la esperanza de Job. Dios le dio diez hijos más y dos veces los animales que tenía antes.

¿Y qué con eso?

Aunque seas bueno, cosas malas pueden suceder. Pero si continúas confiando en Dios, ¡Él recompensará tu fe!

Salmos

¿Quién escribió Salmos?

Más de una persona. Casi la mitad son «de David». Otros autores son Salomón, Moisés, Asaf, Etán y los hijos de Coré.

¿Cuándo se escribió Salmos?

Hace aproximadamente 2.500 a 3.400 años.

¿De qué trata Salmos?

En una palabra: ¡Alabanza!

En unas cuantas palabras: ¡Dios inspiró a muchas personas diferentes a escribir estos 150 poemas! Al menos veintitrés fueron escritos por David, para él o acerca de él, el más grande rey de Israel. Algunos salmos hablan de gozo. Otros hablan de tristeza. Pero casi todos están escritos del corazón y terminan con una nota de alabanza.

Salmos además nos habla sobre:
- Que Dios es un pastor para su pueblo.
- El poder de Dios y su Palabra.
- Los ángeles que vienen a nuestro rescate.
- Cuánto necesitan los seres humanos a Dios.

¿Qué versículo de Salmos se destaca?

Tu palabra es una lámpara a mis pies; es una luz en mi sendero.
SALMOS 119.105

¿Qué significa?

A veces no sabemos hacia dónde ir. Posiblemente se deba a que estamos tristes, enfadados, solitarios o temerosos. Dichosamente, hay un salmo para cada cosa que sentimos. Cuando leemos los salmos, no solamente nos sentimos mejor, sino encontramos la luz de Dios en nuestro camino. ¡Y eso nos lleva a alabar!

¿Y qué con eso?

Cuando necesites ayuda, acude a Dios a través de los Salmos. Con su luz, encontrarás tu camino y estallarás en alabanza.

Proverbios

¿Quién escribió Proverbios?

La mayoría de estos proverbios fueron escritos por Salomón. Otros fueron escritos por Agur, el rey Lemuel y otras personas sabias.

¿Cuándo se escribió Proverbios?

El rey Salomón escribió los suyos hace aproximadamente 3.000 años. El personal del rey Ezequías copió los proverbios restantes aproximadamente 200 años más tarde.

¿De qué trata Proverbios?

En una palabra: Sabiduría.

En unas cuantas palabras: Proverbios nos habla acerca de cómo vivir de manera que agrade a Dios. ¡El escritor principal del libro, el rey Salomón, fue el hombre más sabio que ha existido! Los proverbios nos hablan de cómo tratar a las personas, trabajar duro, descansar con frecuencia y criar a los niños. Cualquier problema que tengamos se cubre en esas páginas.

Proverbios además nos habla sobre:

- Cómo encontrar sabiduría.
- Lo que les sucede a los insensatos.
- Qué es un verdadero amigo.
- Cuán asombrosa puede ser una esposa.

¿Qué versículo de Proverbios se destaca?

Confía en el Señor de todo corazón, y no en tu propia inteligencia. Reconócelo en todos tus caminos, y él allanará tus sendas.
PROVERBIOS 3.5–6

¿Qué significa?

Para ser verdaderamente sabios necesitamos confiar en Dios por completo. ¡Si acudimos a Él para obtener todas las respuestas, Él nos llevará por el camino correcto todo el tiempo!

¿Y qué con eso?

Si no estás seguro de qué hacer, pregúntale a Dios. ¡Él te dirá qué hacer, y siempre será lo correcto! ¡Eso sí es sabiduría!

Eclesiastés

¿Quién escribió Eclesiastés?

El libro dice que fue escrito por el hijo de David y rey más sabio de Israel en Jerusalén. De manera que la mayoría cree que fue Salomón.

¿Cuándo se escribió Eclesiastés?

Hace aproximadamente 3.000 años.

¿De qué trata Eclesiastés?

En una palabra: Vacío.

En unas cuantas palabras: La vida de un ser humano sin Dios está completamente vacía. Tendríamos todas las riquezas del mundo, todo lo que quisiéramos. Pero sin Dios, no *tenemos* nada y no *somos* nada. Salomón dice que solamente tendremos una vida plena si obedecemos a Dios y lo ponemos en primer lugar en todas las cosas.

Eclesiastés además nos habla sobre:

- Todo tiene un comienzo y un final.
- Nada tiene sentido sin Dios.
- Cómo Dios puede hacernos completamente felices.
- La sabiduría santa es algo asombroso.

¿Qué versículo de Eclesiastés se destaca?

El fin de este asunto es que ya se ha escuchado todo. Teme, pues, a Dios y cumple sus mandamientos, porque esto es todo para el hombre.
ECLESIASTÉS 12.13

¿Qué significa?

Cuando respetemos a Dios y hagamos lo que Él nos dice, no tendremos nada que temer. Eso se debe a que estaremos haciendo lo que Él desea que hagamos. Entonces tendremos plenitud de vida y plenitud de gozo. Y eso agradará a Dios, ahora y para siempre.

¿Y qué con eso?

Todos nacimos con un hueco de la forma de Dios en nuestro corazón. Coloca ahí a Dios y nunca estarás vacío ni solo.

Cantar de los cantares

¿Quién escribió Cantar de los cantares?

El libro no lo especifica, pero la mayoría cree que fue Salomón. Otros creen que este libro puedo haber sido para él o acerca de él.

¿Cuándo fue escrito Cantar de los cantares?

Hace aproximadamente 3.000 años.

¿De qué trata Cantar de los cantares?

En una palabra: Amor.

En unas cuantas palabras: El rey Salomón se desposará con una joven y hermosa mujer. Ellos se aman muchísimo. Los ocho capítulos de este poema nos hablan de su romance y de su boda. Habla de todo su gozo, su tristeza y su entusiasmo. El amor que ellos comparten es muy poderoso.

Cantar de los cantares además nos habla de:

- La novia, de un lugar llamado Sulam.
- El novio llamado Salomón.
- Su día de bodas.
- El feliz viaje de la pareja a Jerusalén.

¿Qué versículo de Cantar de los cantares se destaca?

Como llama divina es el fuego ardiente del amor. Ni las muchas aguas pueden apagarlo.

CANTAR DE LOS CANTARES 8.6–7

¿Qué significa?

El verdadero amor no puede ser destruido. No puede ser comprado. Nunca nos suelta. El amor que compartían Salomón y su novia nos da una imagen de cuánto nos ama Dios. El gozo que ellos comparten es el gozo que podemos encontrar y del cual participar en Dios.

¿Y qué con eso?

Dios te ama tanto que envió a Jesús a salvarte. ¡Entrégale tu corazón y participa de su gozo!

Isaías

¿Quién escribió Isaías?

Un profeta llamado Isaías.

¿Cuándo se escribió Isaías?

Hace aproximadamente 2.700 años.

¿De qué trata Isaías?

En una palabra: Mesías.

En unas cuantas palabras: Isaías era un profeta de Dios. Dios le daría un mensaje. Entonces Isaías les comunicaría a los israelitas lo que Dios había dicho. La mala noticia fue que Dios castigaría al pueblo por las cosas malas que hicieron. La buena noticia fue que un Mesías los salvaría. ¡Y el Mesías que Isaías describió suena como Jesús!

Isaías además nos habla sobre:

- Su visión del asombroso trono de Dios en el cielo.
- Los ángeles llamados serafines: ¡cada uno tenía seis alas!
- Una virgen que da a luz.
- Que algún día habrá paz, cuando los lobos andarán con las ovejas.

¿Qué versículo de Isaías se destaca?

El Espíritu del Señor omnipotente está sobre mí, por cuanto me ha ungido para anunciar buenas nuevas a los pobres.
ISAÍAS 61.1

¿Qué significa?

Isaías estaba diciéndoles a los israelitas que un día, un Mesías vendría y les predicaría las buenas nuevas. Alrededor de 700 años después de decirlo, Jesús llegó a nuestro mundo. Él les predicó a los judíos a partir de Isaías 61. Luego les dijo que la *profecía* (lo que un profeta dice que sucederá en el futuro) de Isaías acababa de ser cumplida.

¿Y qué con eso?

¡Quieres buenas noticias? Abre tu Biblia. Ahí encontrarás a Jesús –el Verbo de Dios–. ¡Él es el Mesías enviado para levantarte y amarte!

Jeremías

¿Quién escribió Jeremías?

Jeremías, un profeta, escribió este libro con la ayuda de Baruc, una clase de secretario.

¿Cuándo se escribió Jeremías?

Hace aproximadamente 2.600 años.

¿De qué trata Jeremías?

En una palabra: Planes.

En unas cuantas palabras: Jeremías era un profeta. Él le dijo al pueblo de Judá lo que sucedería en su futuro. Debido al mal que había hecho el pueblo de Judá, su enemigo los tomaría prisioneros. Al final, los babilonios invadirían Judá, capturarían a toda la gente y los echarían de sus casas.

Jeremías además nos habla sobre:

- El rey Joacim que corta y quema el libro de Jeremías.
- Dios le dice a Jeremías que vuelva a escribir el libro.
- Jeremías es llevado prisionero a una cisterna lodosa.
- Jeremías escapa de Egipto.

¿Qué versículo de Jeremías se destaca?

Porque yo sé muy bien los planes que tengo para ustedes —afirma el Señor—, planes de bienestar y no de calamidad, a fin de darles un futuro y una esperanza.
JEREMÍAS 29.11

¿Qué significa?

No importa lo que les sucediera a los judíos, Dios deseaba hacerles saber que Él no los olvidaría. Él tiene buenos planes para ellos. Dios envió a Jesús para salvar a su pueblo como parte de esos planes. Nuestro Dios es un Dios de esperanza y de amor. Él nunca dejará de intentar traernos de vuelta a Él.

¿Y qué con eso?

Dios te ama y sabe lo que es mejor para ti. Es por ello que desea que le obedezcas. Él tiene buenos planes... ¡solo para ti!

Lamentaciones

¿Quién escribió Lamentaciones?

El libro no lo especifica; pero la mayoría cree que fue Jeremías.

¿Cuándo fue escrito Lamentaciones?

Hace aproximadamente 2.600 años.

¿De qué trata lamentaciones?

En una palabra: Tristeza.

En unas cuantas palabras: Jeremías le había dicho al pueblo de Judá lo que sucedería si continuaban desobedeciendo a Dios. Y lo que el profeta dijo se hizo realidad. La nación de Judá fue destruida y su pueblo fue echado fuera. Jeremías lo vio con sus propios ojos, y eso le hizo llorar. Es por ello que a Jeremías se le llama «el profeta llorón».

Lamentaciones además nos habla sobre:
- El pueblo de Jerusalén se vuelve esclavo.
- La ruina del templo de Dios.
- La gente revolcada en cenizas.
- Cómo los que alguna vez danzaron ahora estaban muy tristes.

¿Qué versículo de Lamentaciones se destaca?

El gran amor del Señor nunca se acaba, y su compasión jamás se agota.
LAMENTACIONES 3.22

¿Qué significa?

Cuando Jeremías se enfocó en sí mismo y en todos los problemas que le rodeaban, se entristeció mucho. Pero luego pensó en Dios. Una vez que Jeremías volteó a ver a Dios, él recordó todo el bien que Dios había hecho por él y por la gente de Judá. ¡De alguna manera Dios continuaba amándolos! Jeremías supo que Dios nunca los abandonaría.

¿Y qué con eso?

Si alguna vez te sientes triste, mira hacia arriba. ¡Recuerda cuánto te ama Dios! ¡Él siempre estará contigo! ¡Eso es algo por lo que sentirse feliz!

Ezequiel

¿Quién escribió Ezequiel?

El libro dice que fue escrito por el sacerdote Ezequiel.

¿Cuándo fue escrito Ezequiel?

Hace aproximadamente 2.600 años.

¿De qué trata Ezequiel?

En una palabra: Novedad.

En unas cuantas palabras: Ezequiel era sacerdote y profeta. Él había sido llevado prisionero y enviado a Babilonia. Tuvo muchas visiones. Él les dijo a los israelitas que Jerusalén sería destruida. Cuando eso sucedió, Ezequiel le dijo a la gente que venían días mejores. Ellos tendrían un asombroso futuro con Dios y su gloria. Tendrían un nuevo comienzo.

Ezequiel además nos habla sobre:

- Una visión de criaturas, cada una con cuatro rostros y cuatro alas.
- Cómo los pecados del pueblo los habían llevado a perder su patria.
- Dios le dice a Ezequiel que se coma un libro.
- ¡Huesos secos se levantan para formar un gran ejército!

¿Qué versículo de Ezequiel se destaca?

Les daré un nuevo corazón, y les infundiré un espíritu nuevo; les quitaré ese corazón de piedra que ahora tienen, y les pondré un corazón de carne.
EZEQUIEL 36.26

¿Qué significa?

Dios desea que tengamos un corazón completamente nuevo... y un espíritu nuevo que sean fieles a Él. Aquellos que le obedezcan. Es por ello que Dios envió a Jesús: ¡para cambiarnos por completo!

¿Y qué con eso?

Cuando seas obstinado con Dios, detente. Recibe un cambio de corazón. Obedécelo. ¡Él *amará* el nuevo tú!

Daniel

¿Quién escribió Daniel?

El libro no lo especifica; pero la mayoría cree que fue Daniel.

¿Cuándo se escribió Daniel?

Hace aproximadamente 2.600 años.

¿De qué trata Daniel?

En una palabra: Poder.

En unas cuantas palabras: Daniel fue un joven enviado a Babilonia. Tres de sus amigos –Sadrac, Mesac y Abed-nego– fueron con él. Daniel era muy valiente. Dios le dio una gran sabiduría y muchas visiones. Él incluso le decía a la gente lo que significaban sus sueños. Daniel sirve a tres reyes: Nabucodonosor, Belsasar y Ciro.

Daniel además nos habla sobre:

- Dios salva a Sadrac, Mesac y Abed-nego del horno de fuego.
- Dedos escriben un mensaje para el rey en la pared.
- Ángeles cierran la boca de leones.
- La visión de Daniel de cuatro bestias.

¿Qué versículo de Daniel se destaca?

Si se nos arroja al horno en llamas, el Dios al que servimos puede librarnos del horno y de las manos de Su Majestad.
DANIEL 3.17

¿Qué significa?

El rey Nabucodonosor deseaba que Sadrac, Mesac y Abed-nego adoraran una estatua. Al negarse a hacerlo, el rey los arrojó a un horno. ¡Pero una cuarta persona en el fuego –como el hijo de un Dios– los mantuvo a salvo! Cuando nos atrevemos a seguir a Dios, su poder nos salva y nos fortalece.

¿Y qué con eso?

Con Dios, tú puedes ser valiente. ¡Atrévete a seguirlo! Cuando permanezcas cerca de Él, su poder te protegerá.

Oseas

¿Quién escribió Oseas?

El libro no lo especifica; pero la mayoría cree que fue Oseas.

¿Cuándo se escribió Oseas?

Hace aproximadamente 2.700 años.

¿De qué trata Oseas?

En una palabra: Lealtad.

En unas cuantas palabras: Oseas era un profeta de Dios. Él vivía en la nación septentrional de Israel. Se casó con una mujer, Gomer, que no le era fiel. Ella era como la gente de Israel que no le era fiel a su Dios. Ellos adoraban ídolos en lugar de a Dios. Entonces, Dios le dijo al pueblo, a través de Oseas, que serían castigados. Pero si clamaban a Dios, Él respondería.

Oseas además nos habla sobre:

- El nacimiento de los hijos de Oseas.
- La maldad de Israel.
- El castigo del pueblo de Dios.
- El futuro de Israel: lleno de bendiciones.

¿Qué versículo de Oseas se destaca?

Yo corregiré su rebeldía y los amaré de pura gracia, porque mi ira contra ellos se ha calmado.
OSEAS 14.4

¿Qué significa?

Los israelitas se habían alejado de Dios. Eso enfadó a Dios. Pero Oseas dijo que si volvían a Dios, Él los perdonaría. ¡Y los bendeciría! Dios es fiel con nosotros incluso cuando nosotros no le somos fiel.

¿Y qué con eso?

¿Eres fiel a Dios? ¿O adoras a algo más que a Él? Si te has alejado de Él, detente. Vuélvete. Él te dará otra oportunidad. ¡Y te bendecirá por tu fidelidad!

Joel

¡Arrepiéntanse!

¿Quién escribió Joel?

El libro dice que fue escrito por el profeta Joel.

¿Cuándo se escribió Joel?

Nadie sabe con seguridad. Muchos creen que pudo haber sido escrito hace unos 2.600 años.

¿De qué trata Joel?

En una palabra: Arrepentimiento.

En unas cuantas palabras: *Arrepentirse* significa dejar de hacer cosas malas. Joel le estaba diciendo al pueblo de Judá que, a menos que se arrepintieran, Dios les castigaría. Israel sería castigado también. Más tarde, Dios les devolvería todo lo que habían perdido.

Joel también nos habla sobre:

- Una plaga de langostas que se come los cultivos de los agricultores.
- Tinieblas que se extenderían por la tierra.
- Falta de agua en la tierra.
- Dios bendice de nuevo a su pueblo.

¿Qué versículo de Joel se destaca?

Rásguense el corazón y no las vestiduras. Vuélvanse al Señor su Dios, porque él es bondadoso y compasivo, lento para la ira y lleno de amor, cambia de parecer y no castiga [...] «Yo les compensaré a ustedes por los años en que todo lo devoró».
JOEL 2.13, 25

¿Qué significa?

A veces, Dios permite que sucedan cosas malas para que nos arrepintamos y volvamos a Él. Si lo hacemos, Él nos perdonará y nos compensará lo que hemos perdido. Eso es lo que Él le prometió entonces a su pueblo, y continúa prometiéndonoslo hoy.

¿Y qué con eso?

¡Hay algo de lo que necesites arrepentirte? De ser así, ¡hazlo! ¡Luego mira cómo Dios te bendice!

Amós

¿Quién escribió Amós?

El libro dice que fue escrito por un pastor llamado Amós.

¿Cuándo se escribió Amós?

Hace aproximadamente 2.800 años.

¿De qué trata Amós?

En una palabra: Justicia.

En unas cuantas palabras: Amós es un profeta que amonesta a los ricos y poderosos de Israel. Parece que a Dios no le agrada cómo se están comportando. En primer lugar, los ricos y poderosos están adorando ídolos. Además están molestando a los profetas de Dios y no están siendo justos con los pobres. Debido a su mal comportamiento, los problemas están viniendo a ellos.

¿Qué versículo de Amós se destaca?

Busquen el bien y no el mal, y vivirán.
Amós 5.14

¿Qué significa eso?

Parte de hacer el bien es ser justos con la gente. Los verdaderos seguidores de Dios y de Jesús obedecen la Regla de Oro. Ellos tratan a los demás como desean ser tratados. ¡Cuando tratamos a los demás con justicia, el Señor Dios es nuestro ayudador!

¿Y qué con eso?

Cuando hagamos el bien y ayudemos a los demás, Dios nos ayudará.

Abdías

¿Quién escribió Abdías?

El libro dice que fue escrito por Abdías. *Abdías* significa «siervo de Dios».

¿Cuándo se escribió Abdías?

No es seguro. Algunos piensan que fue escrito hace unos 2.600 años.

¿De qué trata Abdías?

En una palabra: Revancha.

En unas cuantas palabras: Las personas que vivían en Edom eran descendientes de Esaú. Él fue el mellizo de Jacob. Esos chicos nunca se llevaron bien, y tampoco los hijos de sus hijos. Cuando Babilonia asaltó Jerusalén, Edom ayudó.

¿Qué versículo de Abdías se destaca?

Porque cercano está el día del Señor contra todas las naciones. ¡Edom, como hiciste, se te hará! ¡sobre tu cabeza recaerá tu merecido!
ABDÍAS 1.15

¿Qué significa?

Dios fue muy fiel con su pueblo. Él les había dicho mucho tiempo antes que bendeciría a quienes bendijeran a Israel y maldeciría a quienes maldijeran a Israel. Dios guardaría su promesa al destruir a Edom.

¿Y eso qué?

Tú puedes confiar en Dios. Él *siempre* guarda sus promesas.

Jonás

¿Quién escribió Jonás?

El libro no lo especifica. Es la historia de Jonás, pero algunos no están seguros si él fue quien lo escribió.

¿Cuándo se escribió Jonás?

Hace aproximadamente 2.800 años.

¿De qué trata Jonás?

En una palabra: Misericordia.

En unas cuantas palabras: Dios le dice a Jonás que vaya a Nínive. Él desea que le diga a la gente de ahí que si no se comporta, Dios los destruirá. Pero Jonás corre en otra dirección. Más tarde llega a Nínive, les da el mensaje de Dios y ellos se *arrepienten* (se alejan de los malos caminos). Entonces Dios, en su *misericordia* (bondad), salva la ciudad.

Jonás además nos habla sobre:

- Marineros que arrojan a Jonás al mar durante una tormenta.
- Un enorme pez se traga a Jonás.
- La decisión que Jonás toma de obedecer a Dios.
- Dios le dice al gran pez que escupa a Jonás en tierra seca.

¿Qué versículo de Jonás se destaca?

Pues bien sabía que tú eres un Dios bondadoso y compasivo, lento para la ira y lleno de amor, que cambias de parecer y no destruyes. JONÁS 4.2

¿Qué significa?

La gente de Nínive se arrepintió. Entonces, la profecía de Jonás no se volvió realidad. Dios nos ama tanto que siempre está dispuesto a darle a la gente segundas oportunidades. ¡Incluso le dio a Jonás otra oportunidad!

¿Y qué con eso?

Recuerda que Dios te ama. Él está lleno de misericordia. ¡Siempre te da otra oportunidad!

Miqueas

¿Quién escribió Miqueas?

El libro no lo especifica; pero algunos creen que fue el profeta Miqueas. Otros dicen que Miqueas le pidió a otra persona que lo escribiera por él.

¿Cuándo se escribió Miqueas?

Hace aproximadamente 2.700 años.

¿De qué trata Miqueas?

En una palabra: Liberación.

En unas cuantas palabras: Israel y Judá están adorando ídolos y engañando a los pobres. Esto no le agrada a Dios… ¡en absoluto! De manera que Miqueas les dice que serán destruidos. Pero Dios salvará a algunos israelitas. Y Él les dará un buen rey que los gobierne.

Miqueas además nos habla sobre:

- Dios destruye los ídolos tallados que su pueblo adoraba.
- El pueblo de Dios es llevado prisionero.
- El pueblo huye al monte del Señor.
- Lo que Dios desea: que su pueblo sea justo, bondadoso y que camine con Él.

¿Qué versículo de Miqueas se destaca?

Pero de ti, Belén Efrata, pequeña entre los clanes de Judá, saldrá el que gobernará a Israel; sus orígenes se remontan hasta la antigüedad, hasta tiempos inmemoriales.
MIQUEAS 5.2

¿Qué significa?

Setecientos años antes de que Jesús naciera, Miqueas nombró su lugar de nacimiento. Que Jesús viniera a salvar a la gente era el plan de Dios desde el comienzo de los tiempos. ¡No importa cómo nos comportemos, Dios siempre está ahí para liberarnos!

¿Y qué con eso?

Con Jesús, no necesitas preocuparte por nada. Él es parte del plan de Dios para salvarte, ¡a ti y a todo aquel que crea!

Nahum

¿Quién escribió Nahum?

El libro no lo especifica; pero algunos creen que fue el profeta Nahum.

¿Cuándo se escribió Nahum?

Hace aproximadamente 2.600 años.

¿De qué trata Nahum?

En una palabra: Elección.

En unas cuantas palabras: Este libro es una clase de continuación de Jonás. La ciudad en problemas es Nínive. Cuando Jonás fue ahí, él le dijo a la gente que a menos que cambiara sus caminos, Dios destruiría su ciudad. De manera que dejaron de pecar. Pero muchos años después, volvieron a desobedecer. Estar contra Dios trae problemas. Estar con Él trae bendición.

¿Qué versículo de Nahum se destaca?

Bueno es el Señor; es refugio en el día de la angustia, y protector de los que en él confían. NAHUM 1.7

¿Qué significa?

Dios sabe quién está de su lado. Para aquellas personas, Él es un lugar al que pueden correr y estar a salvo.

¿Y eso qué?

Elige seguir a Dios. Entrégale todo tu corazón. Vive en su amor. Y serás bendecido.

Habacuc

¿Quién escribió Habacuc?

El libro dice que fue escrito por un profeta llamado Habacuc.

¿Cuándo se escribió Habacuc?

Hace aproximadamente 2.600 años.

¿De qué trata Habacuc?

En una palabra: Confianza.

En unas cuantas palabras: El pueblo de Judá ha sido malo. Por lo tanto, Dios tiene un plan: Él usará a los babilonios, que eran todavía más malos, para castigar a Judá. El profeta Habacuc no comprende el plan de Dios. ¡Luego lo capta! Él no tiene que comprender todo lo que Dios hace. Habacuc solo tiene que confiar en el Señor. Dios siempre obra las cosas para bien.

¿Qué versículo de Habacuc se destaca?

El insolente no tiene el alma recta, pero el justo vivirá por su fe. HABACUC 2.4

¿Qué significa?

A veces le preguntamos a Dios: «¿Por qué?». Pero sin importar cuán mal luzcan las cosas, podemos confiar en que Dios tiene el control.

¿Y qué con eso?

Si confías en Dios, serás fuerte. Alégrate. No te preocupes por nada. ¡Todo –incluso tú– está en las enormes manos de Dios! Él no te decepcionará.

Sofonías

¿Quién escribió Sofonías?

El libro dice que lo escribió un profeta llamado Sofonías. Él pudo haber sido el tataranieto del buen rey Ezequías.

¿Cuándo se escribió Sofonías?

Hace aproximadamente 2.600 años.

¿De qué trata Sofonías?

En una palabra: Hipócritas.

En unas cuantas palabras: De vez en cuando, el pueblo de Judá se comportaba. Más tarde, ellos volvieron a sus malos caminos. Eso se debió a que su cambio a lo bueno nunca fue profundo. No llegó a su corazón. Ellos eran *hipócritas*: personas que pretendían ser lo que no eran. De manera que Sofonías le dijo al pueblo que Dios los castigaría.

Sofonías además nos habla sobre:

- La venida del «día del Señor».
- Todas las naciones que serían destruidas.
- Cómo los que buscaran verdaderamente al Señor serían salvados.
- Dios está en medio de nosotros.

¿Qué versículo de Sofonías se destaca?

Porque el Señor tu Dios está en medio de ti como guerrero victorioso. Se deleitará en ti con gozo, te renovará con su amor, se alegrará por ti con cantos.
SOFONÍAS 3.17

¿Qué significa?

Dios sabe lo que es verdaderamente importante en el corazón de la gente. Él está con los verdaderos creyentes. Debido a su amor, ¡ellos no tienen nada que temer! ¡Ellos lo hacen tan feliz que no puede evitar cantar!

¿Y qué con eso?

Profundiza en Dios. Apégate a Él sin importar lo que esté sucediendo a tu alrededor. Luego abre tus oídos. ¡Escucha su canto!

Hageo

¿Quién escribió Hageo?

El libro dice que Hageo lo escribió.

¿Cuándo se escribió Hageo?

Hace aproximadamente 2.500 años.

¿De qué trata Hageo?

En una palabra: Perseverancia.

En unas cuantas palabras: *Perseverancia* significa continuar haciendo algo hasta que triunfes. Y eso es lo que Hageo les dijo a los judíos que hicieran. ¡Cuando regresaron a su tierra natal, ellos necesitaban continuar reconstruyendo el templo de Dios hasta que fuera terminado! Mientras estaban trabajando, Dios estaría con ellos. Y cuando terminaran, ¡Él los bendeciría!

Hageo además nos habla sobre:

- Un pueblo que construyó sus casas antes de trabajar en la de Dios.
- Una sequía en la tierra.
- El Señor le da valentía al pueblo.
- Zorobabel, el gobernador de Judá.

¿Qué versículo de Hageo se destaca?

¡Ánimo, pueblo de esta tierra! —afirma el Señor—. ¡Manos a la obra, que yo estoy con ustedes! —afirma el Señor Todopoderoso—.
HAGEO 2.4

¿Qué significa?

Dios vio que el pueblo era egoísta. Ellos se preocupaban más por sí mismos que por Él. De manera que el Señor le dijo a Hageo que hablara con el pueblo de Judá. El profeta les hizo saber que deseaba Dios que trabajaran en *su* casa. Él les daría fuerza para hacerlo. Cuando terminaran, Él les daría lluvia. Entonces tendrían cosechas y alimento.

¿Y qué con eso?

Dios desea que lo pongas en primer lugar en tu vida. Cuando lo hagas, Él te bendecirá.

Zacarías

¿Quién escribió Zacarías?

El libro dice que un profeta y sacerdote, llamado Zacarías lo escribió.
Algunas personas creen que otra persona escribió los capítulos 9–14.

¿Cuándo se escribió Zacarías?

Hace aproximadamente 2.500 años.

¿De qué trata Zacarías?

En una palabra: Llegada.

En unas cuantas palabras: Zacarías les dijo a los judíos que volvieron a casa que reconstruyeran la casa de Dios. Además tuvo ocho visiones. Él les dijo a los judíos cosas acerca del Mesías que llegaría algún día. ¡Cuando Jesús llegó, la gente vio que muchas de las predicciones de Zacarías se llevaron a cabo!

Zacarías además nos habla sobre:

- Un rollo volador.
- El Mesías entraría sobre un burro a Jerusalén.
- El salvador sería colgado en una cruz.
- Los soldados romanos picarían a Jesús con una lanza.

¿Qué versículo de Zacarías se destaca?

¡No teman, sino cobren ánimo! [...] Yo los salvaré, y serán una bendición.
ZACARÍAS 8.13

¿Qué significa?

Dios le recordó a su pueblo que Él cuidaría de ellos. Él les dio ánimo para trabajar en la reconstrucción de su templo. Él los fortalecería para que pudieran terminar el trabajo. Dios además les dijo que un día la gloria del Mesías llenaría ese templo.

¿Y qué con eso?

Cuando te sientas débil, acude a Dios. Él te dará fuerza –y ánimo– para hacer lo que Él te ha llamado a hacer.

Malaquías

¿Quién escribió Malaquías?

El libro dice que fue escrito por el profeta Malaquías.

¿Cuándo fue escrito Malaquías?

Hace aproximadamente 2.450 años.

¿De qué trata Malaquías?

En una palabra: Reforma.

En unas cuantas palabras: *Reformar* significa cambiar para mejor. Y eso es lo que Dios deseaba que fuera su pueblo: mejor. Los sacerdotes de Dios estaban desobedeciendo. Y el pueblo estaba siguiendo su ejemplo. De manera que Dios le dijo a Malaquías que les diera un mensaje: Dejen de desobedecer, vuelvan a Dios y prepárense para conocer a su Mesías.

Malaquías además nos habla sobre:
- Cuánto ama Dios a su pueblo.
- El Señor nunca cambia.
- El pueblo es bendecido cuando le da a Dios.
- Un libro de remembranza.

¿Qué versículo de Malaquías se destaca?

Desde la época de sus antepasados se han apartado de mis preceptos y no los han guardado. Vuélvanse a mí, y yo me volveré a ustedes —dice el Señor Todopoderoso—.
MALAQUÍAS 3.7

¿Qué significa?

Dios no se siente feliz cuando su pueblo le desobedece. Él desea que volvamos a Él con todo nuestro corazón, nuestra fuerza, nuestra mente y nuestra alma. ¡Cuando lo hacemos, le encontramos justo a nuestro lado!

¿Y qué con eso?

¡Acude a Dios ahora! Pregúntale qué necesitas cambiar. Entrégale todo lo que tienes y lo que eres. Cuando lo hagas, lo encontrarás más cerca que nunca antes.

Mateo

¿Quién escribió Mateo?

El libro no lo especifica; pero la mayoría cree que fue Mateo, un recolector de impuestos. Mateo también es conocido con el nombre de Leví.

¿Cuándo se escribió Mateo?

Hace aproximadamente 1.940 años.

¿De qué trata Mateo?

En una palabra: Cumplimiento.

En unas cuantas palabras: Los profetas del Antiguo Testamento hablaron de cómo sería la venida del Mesías y lo que Él haría. Mateo les dice a los judíos cómo *cumplió* (ejecutó) Jesús todas esas profecías. El libro es el primero de cuatro *Evangelios* (una palabra que significa «buenas nuevas»). Comienza demostrando cómo Jesús está relacionado con el rey David y con Abraham.

Mateo además nos habla sobre:

- Los sabios que visitaron a Jesús.
- El sermón que Jesús dio en el monte.
- Jesús muere en la cruz.
- Un ángel rueda la piedra que cerraba la tumba de Jesús.

¿Qué versículo de Mateo se destaca?

Sigue pidiendo y recibirás lo que pides; sigue buscando y encontrarás; sigue llamando, y la puerta se te abrirá.
MATEO 7.7 (NTV)

¿Qué significa?

Dios nos ama muchísimo. Cuando sigamos pidiéndole las cosas, obtendremos lo que Él desea para nosotros. Cuando mantengamos nuestros ojos en Él, encontraremos aquello que estamos buscando.

¿Y qué con eso?

Jesús es tu Rey. Más poderoso que un ángel, Él puede abrirte cualquier puerta. Pero desea que tú lo desees a Él más que a nada.

Marcos

¿Quién escribió Marcos?

El libro no lo especifica; pero la mayoría cree que fue Juan Marcos, un misionero que viajaba con Pablo y Bernabé. Él además trabajó con el apóstol Pedro.

¿Cuándo se escribió Marcos?

Hace aproximadamente 1.950 años.

¿De qué trata Marcos?

En una palabra: Siervo.

En unas cuantas palabras: El libro de Marcos probablemente fue el primero de los Evangelios en ser escrito. ¡Y es el más breve! Marcos les está escribiendo a los gentiles (personas que no son judías), diciéndoles que Jesús vino a servir; no a ser servido. Él sirvió al sanar a la gente, echando fuera demonios y mostrando su poder sobre la naturaleza.

Marcos además nos habla sobre:

- Jesús eligió a sus 12 discípulos (seguidores).
- La familia de Jesús, quien pensó que estaba demente.
- Jesús calma una tormenta.
- La mujer que visitó la tumba de Jesús.

¿Qué versículo de Marcos se destaca?

Y el que quiera ser el primero deberá ser esclavo de todos. Porque ni aun el Hijo del hombre vino para que le sirvan, sino para servir. MARCOS 10.44-45

¿Qué significa?

Jesús volteó de cabeza el mundo. Antes de que viniera, la gente pensaba que era importante ser importante. Pero Jesús les dijo que lo más importante era *servir* a los demás con amor; no que los demás nos sirvan a nosotros.

¿Y qué con eso?

Para ser seguidor de Jesús, necesitas servir a los demás con alegría. ¿A quién puedes amar y servir hoy?

Lucas

¿Quién escribió Lucas?

El libro no lo especifica; pero la mayoría cree que fue un médico no judío llamado Lucas. Él era un misionero y amigo del apóstol Pablo.

¿Cuándo se escribió Lucas?

Hace aproximadamente 1.940 años.

¿De qué trata Lucas?

En una palabra: Reportar.

En unas cuantas palabras: Lucas era un médico que deseaba que Teófilo conociera los hechos de la historia de Jesús. De manera que el libro de Lucas es un verdadero reporte de la vida de Jesús. Lucas incluye más *parábolas* (historias con una lección) de Jesús que cualquier otro escritor de los Evangelios. Incluso describe varios milagros que los demás Evangelios no mencionan.

Lucas además nos habla sobre:

- Los primeros años de Juan el bautista.
- Muchos detalles sobre el nacimiento de Jesús.
- Jesús de pequeño.
- Las parábolas del buen samaritano y el hijo pródigo.

¿Qué versículo de Lucas se destaca?

«Maestro, hemos estado trabajando duro toda la noche y no hemos pescado nada —le contestó Simón—. Pero como tú me lo mandas, echaré las redes». Así lo hicieron, y recogieron una cantidad tan grande de peces que las redes se les rompían.
LUCAS 5.5-6

¿Qué significa?

Cuando obedecemos a Dios encontramos bendiciones –para nosotros y para los demás–. Él sabe lo que estamos intentando hacer. Por lo tanto, escucha su voz, sigue sus instrucciones y mira cómo fluye su bondad.

¿Y qué con eso?

No solamente *escuches* a Dios. ¡*Obedécele* en todo lo que hagas! ¡Antes de que te des cuenta, encontrarás bendiciones a tu alrededor! ¡Eso es un hecho!

Juan

¿Quién escribió Juan?

El libro no lo especifica; pero la mayoría cree que fue el discípulo Juan, el hermano de Santiago.

¿Cuándo se escribió Juan?

Hace aproximadamente 1.920 años.

¿De qué trata Juan?

En una palabra: Cristo.

En unas cuantas palabras: Juan escribió este libro para que la gente creyera que Jesús era el Cristo: Dios en forma humana. Él escribe que Jesús es el Verbo y que Él hizo el universo. Juan era muy cercano a Jesús. Cuando Jesús estuvo en la cruz, Él le pidió a Juan que cuidara a su madre, María.

Juan además nos habla sobre:

- Jesús vuelve el agua en vino en una boda.
- La historia de la mujer samaritana en un pozo.
- Lázaro es levantado de la muerte.
- Jesús camina sobre el agua durante una tormenta.

¿Qué versículo de Juan se destaca?

Porque tanto amó Dios al mundo, que dio a su Hijo unigénito, para que todo el que cree en él no se pierda, sino que tenga vida eterna. JUAN 3.16

¿Qué significa?

Dios nos ama a cada uno de nosotros. Él nos ama tanto que envió a su Hijo único para salvar al mundo. ¡Quienes confíen en Jesús vivirán para siempre!

¿Y qué con eso?

Dios te ama mucho. Solo pon tu confianza en Jesús. Acepta a Cristo en tu corazón. ¡Entonces podrás vivir con Él por siempre y siempre!

Hechos

¿Quién escribió Hechos?

El libro no lo especifica; pero la mayoría cree que fue un médico no judío llamado Lucas. Él fue un misionero y amigo del apóstol Pablo.

¿Cuándo se escribió Hechos?

Hace aproximadamente 1.940 años, pero cubre eventos anteriores.

¿De qué trata Hechos?

En una palabra: Iglesia.

En unas cuantas palabras: El libro comienza con que Jesús asciende al cielo. Diez días más tarde, el Espíritu Santo viene del cielo y enciende en fuego a los seguidores de Jesús. Los discípulos ahora tienen poder y valentía para predicar acerca de Jesús. Ese día, tres mil personas se convirtieron en seguidores de Jesús. ¡Y nació la Iglesia cristiana!

Hechos además nos habla sobre:

- Saulo es cegado, luego se convierte en el cristiano llamado Pablo.
- Los cristianos son perseguidos (maltratados por creer en Jesús).
- Los seguidores de Jesús hacen milagros.
- Pablo naufraga en la isla de Malta.

¿Qué versículo de Hechos se destaca?

Pero cuando venga el Espíritu Santo sobre ustedes, recibirán poder. HECHOS 1.8

¿Qué significa?

Cuando la gente cree que Jesús es su Salvador, el Espíritu Santo viene a su vida. Él les dará poder. ¡Entonces ellos tendrán la valentía de decirles a los demás acerca de la paz y el amor de Dios!

¿Y qué con eso?

Si crees en Jesús, el Espíritu Santo vive dentro de ti. Tú tienes poder. Tienes valentía. ¡Puedes hacer todas las cosas que Dios desea que hagas!

Romanos

¿Quién escribió Romanos?

El libro dice que fue escrito por el apóstol Pablo. Su amigo Tercio escribió la carta por él.

¿Cuándo se escribió Romanos?

Hace aproximadamente 1.950 años.

¿De qué trata Romanos?

En una palabra: Evangelio.

En unas cuantas palabras: Pablo les escribió esta carta a los creyentes de la ciudad de Roma. Él deseaba hablarles del *Evangelio* («las buenas nuevas») de Dios: que Dios envió a Jesús para salvar a *toda* la gente. Quienes creen en Jesús, incluso los que no son judíos, ahora mismo pueden estar bien con Dios.

Romanos además nos habla sobre:

- Cómo Cristo murió por nosotros cuando todavía éramos enemigos de Dios.
- Que todos necesitamos perdón, ya que todos cometemos errores.
- La vida eterna para todos los que le pertenecen a Cristo.
- El Espíritu Santo comprende incluso nuestros gemidos.

¿Qué versículo de Romanos es importante?

Ni lo alto ni lo profundo, ni cosa alguna en toda la creación, podrá apartarnos del amor que Dios nos ha manifestado en Cristo Jesús nuestro Señor.
ROMANOS 8.39

¿Qué significa?

Nada puede separarnos del amor de Dios. Ni los ángeles ni los demonios. Ni el hoy ni el mañana. Ningún poder ni nada en este mundo. El amor de Dios siempre estará con nosotros. ¡Y esa es la mejor noticia de todas!

¿Y qué con eso?

No hay nada que tengas que hacer para ganarte el amor de Dios. Él te amó ayer. Él te ama hoy. Él te amará mañana. ¡Nada puede detener su amor! ¡Ese es el Evangelio de la verdad!

1 Corintios

¿Quién escribió 1 Corintios?

El libro dice que fue escrito por el apóstol Pablo con la ayuda de un hombre llamado Sóstenes.

¿Cuándo se escribió 1 Corintios?

Hace aproximadamente 1.690 años.

¿De qué trata 1 Corintios?

En una palabra: Comportamiento.

En unas cuantas palabras: Pablo había ayudado a comenzar la iglesia de Corinto. Esta es la primera carta de Pablo a los creyentes de allá. Ellos se estaban comportando mal. Algunos estaban discutiendo acerca de quién debía ser el líder de la iglesia. Otros estaban llevando a los demás creyentes a la corte.

Primera de Corintios además nos habla sobre:

- Los creyentes tienen la mente de Cristo.
- Ellos no juzgan ni molestan a los demás.
- Dios siempre nos da una salida del pecado.
- Cada creyente posee un don espiritual.

¿Qué versículo de 1 Corintios se destaca?

Ahora, pues, permanecen estas tres virtudes: la fe, la esperanza y el amor. Pero la más excelente de ellas es el amor.
1 Corintios 13.13

¿Qué significa?

Dios es amor, y su amor es maravilloso. De igual manera lo es el amor que nos tenemos entre nosotros. Nos ayuda a perdonar a los demás y a que ellos nos perdonen a nosotros. Nos ayuda a ser bondadosos y pacientes. Nunca deja de ser. ¡Es lo más grandioso! Porque Dios es amor.

¿Y qué con eso?

Dios te ha llenado de su amor. De hecho, está rebosando. Por lo tanto, deja que se derrame en alguien más hoy. Encuentra alguien con quien ser amable. Comparte el amor de Dios, ¡*ese* sí es un buen comportamiento!

2 Corintios

¿Quién escribió 2 Corintios?

El libro dice que fue escrito por el apóstol Pablo, con la ayuda de Timoteo.

¿Cuándo se escribió 2 Corintios?

Hace aproximadamente 1.960 años.

¿De qué trata 2 Corintios?

En una palabra: Alborotadores.

En unas cuantas palabras: Esta es la segunda carta de Pablo a la iglesia de Corinto. Algunos alborotadores estaban diciendo cosas malas de Pablo. Ellos pensaban que Él no debía estar a cargo. De manera que Pablo les dice cómo Jesús lo llamó a dirigir. Pablo les dice cuánto ha sufrido por Jesús.

Segunda de Corintios además nos habla sobre:

- Cada creyente es un tesoro en una vasija de barro.
- Pablo perdona a los alborotadores.
- A un hombre (probablemente Pablo) le muestran el cielo más alto.
- Pablo es azotado, apedreado, golpeado y naufraga.

¿Qué versículo de 2 Corintios se destaca?

Pero él me dijo: «Te basta con mi gracia, pues mi poder se perfecciona en la debilidad.» Por lo tanto, gustosamente haré más bien alarde de mis debilidades, para que permanezca sobre mí el poder de Cristo.
2 Corintios 12.9

¿Qué significa?

Pablo le pidió a Dios ocho veces que se llevara el problema que tenía en su cuerpo. Pero Dios le dijo a Pablo que Él –Dios– era todo lo que necesitaba. Cuando estamos más débiles, ¡el poder de Cristo obra mejor!

¿Y qué con eso?

¿Te estás sintiendo débil? Está bien. Solo cuenta con Dios. Él te dará el poder de Cristo. Entonces ganarás, ¡y Jesús se llevará el aplauso!

Gálatas

¿Quién escribió Gálatas?

El libro dice que fue escrito por el apóstol Pablo.

¿Cuándo se escribió Gálatas?

Hace aproximadamente 1.690 años.

¿De qué trata Gálatas?

En una palabra: Libertad.

En unas cuantas palabras: Algunos cristianos de Galacia se habían alejado de su libertad en Cristo. Ellos comenzaron a volver a las reglas que tenían que obedecer los judíos. E intentaron hacer que otros cristianos siguieran esas mismas reglas. Pablo les dice que nadie puede estar bien con Dios intentando seguir las leyes judías.

Gálatas además nos habla sobre:

- Cristo vive en nosotros y a través de nosotros.
- Libertad en Cristo significa caminar en su Espíritu.
- Vivir por el Espíritu, para que no sigamos los deseos de nuestro cuerpo.
- El hecho de que cosechamos lo que hemos plantado.

¿Qué versículo de Gálatas se destaca?

Les hablo así, hermanos, porque ustedes han sido llamados a ser libres; pero no se valgan de esa libertad para dar rienda suelta a sus pasiones. Más bien sírvanse unos a otros con amor.
GÁLATAS 5.13

¿Qué significa?

Jesucristo nos ha hecho libres. Ya no tenemos que seguir las leyes judías para estar bien con Dios. Pero no debemos usar esa libertad para hacer cosas malas; debemos amar a los demás y hacer cosas buenas para ellos.

¿Y qué con eso?

Jesús te ha dado una nueva regla: Sigue al Espíritu de Dios. Él te guiará por los caminos correctos.

Efesios

¿Quién escribió Efesios?

El libro dice que fue escrito por el apóstol Pablo.

¿Cuándo se escribió Efesios?

Hace aproximadamente 1.950 años, próximo a la muerte de Pablo.

¿De qué trata Efesios?

En una palabra: Unidad.

En unas cuantas palabras: Pablo había comenzado una iglesia en Éfeso. Ahora está escribiendo para decirles que los miembros de la iglesia deben vivir en paz unos con los otros. Y que, unidas, todas las iglesias conforman el «cuerpo» de Cristo. ¡Solo hay un cuerpo, un Espíritu, una esperanza, un Señor, una fe, un bautismo y un Dios que gobierna sobre todo!

Efesios además nos habla sobre:

- Dios une a judíos y a no judíos.
- La gracia es un regalo de Dios, algo que no podemos ganarnos.
- La manera en que los hijos deben obedecer a sus padres y los esclavos a sus amos.
- Las diferentes piezas que componen la armadura de Dios.

¿Qué versículo de Efesios se destaca?

Al que puede hacer muchísimo más que todo lo que podamos imaginarnos o pedir, por el poder que obra eficazmente en nosotros. Efesios 3.20

¿Qué significa?

El poder que Dios usó para levantar a Jesús de la muerte es el mismo poder que Él nos ha dado a nosotros. ¡Todo lo que tenemos que hacer es creer en Jesucristo y andar por donde Dios nos dirija! ¡Entonces Él hará más de lo que podemos pedir o imaginar!

¿Y qué con eso?

Confía en que Dios te ayudará a hacer lo que Él te diga que hagas. Él te dará la confianza que necesitas. ¡Luego mira su asombroso poder en acción!

Filipenses

¿Quién escribió Filipenses?

El libro dice que fue escrito por el apóstol Pablo y por Timoteo.

¿Cuándo se escribió Filipenses?

Hace aproximadamente 1.950 años.

¿De qué trata Filipenses?

En una palabra: Gozo.

En unas cuantas palabras: Pablo les agradeció a los filipenses (personas de una ciudad llamada Filipo) por un dinero que le habían enviado. Luego él les dijo que se gozaran sin importar lo que sucediera. Pablo escribió esta carta desde una prisión en Roma. Incluso ahí, él encontró una manera de gozarse. ¿Su secreto? ¡Enfocarse en Cristo en lugar de en la situación!

Filipenses además nos habla sobre:

- Pablo predica con audacia mientras se encuentra en prisión.
- Todos se inclinarán ante Cristo un día.
- Pensar solamente cosas buenas.
- Cómo podemos hacer todo mediante Cristo que nos fortalece.

¿Qué versículo de Filipenses se destaca?

Hermanos, no pienso que yo mismo lo haya logrado ya. Más bien, una cosa hago: olvidando lo que queda atrás y esforzándome por alcanzar lo que está delante.
FILIPENSES 3.13

¿Qué significa?

Cuando nuestros ojos están en lo que sucedió ayer, perdemos poder. Debemos enfocarnos en lo que está frente a nosotros. Así que Pablo nos dice que olvidemos el pasado. Luego nos estiremos para sujetar el hoy.

¿Y qué con eso?

No te preocupes por lo que sucedió ayer. Solo enfócate en Cristo. Él es gozo puro.

Colosenses

¿Quién escribió Colosenses?

El libro dice que fue escrito por el apóstol Pablo y Timoteo.

¿Cuándo se escribió Colosenses?

Hace aproximadamente 1.950 años.

¿De qué trata Colosenses?

En una palabra: Líderes.

En unas cuantas palabras: La Iglesia de Colosas tenía algunos maestros deficientes. Ellos estaban mezclando mentiras con la verdad de Cristo. Por lo tanto, Pablo les dijo que Cristo es el gran Jefe. Él está a cargo de todo y de todos. Él es el Señor de la vida. Él es el maestro del cielo. Él está por sobre los ángeles. Él es la imagen de Dios.

Colosenses además nos habla sobre:
- Cristo sostiene todo.
- Todos los tesoros se encuentran en Cristo.
- Cristo es todo lo que necesitamos.
- Los ángeles, a los cuales no debe adorarse.

¿Qué versículo de Colosenses se destaca?

Busquen las cosas de arriba, donde está Cristo sentado a la derecha de Dios. Concentren su atención en las cosas de arriba, no en las de la tierra.
COLOSENSES 3.1–2

¿Qué significa?

Muchos pensamientos llenan nuestra mente. ¡Pablo dice que solamente debemos pensar en las cosas celestiales como el amor, la bondad, la amistad, la esperanza y más! Estos son verdaderos tesoros. No el oro, el dinero ni las cosas terrenales que un día perecerán.

¿Y qué con eso?

¿Sabías que eres lo que piensas? Entonces solo piensa cosas buenas. ¡Eso te hará ser más como Cristo! ¡Y ese es un buen pensamiento!

1 Tesalonicenses

¿Quién escribió 1 Tesalonicenses?

El libro dice que fue escrito por el apóstol Pablo, Silvano (o Silas) y Timoteo.

¿Cuándo se escribió 1 Tesalonicenses?

Hace aproximadamente 1.960 años.

¿De qué trata 1 Tesalonicenses?

En una palabra: Retorno.

En unas cuantas palabras: Pablo deseaba animar a los creyentes de una ciudad llamada Tesalónica. Para darles esperanza y consuelo, Pablo les recordó que un día Jesús regresaría. De manera que es importante que vivan una vida recta. ¡Entonces, cuando Cristo regrese, ellos vivirán con Él en su reino!

Primera de Tesalonicenses además nos habla sobre:

- Jesús desciende del cielo.
- Los creyentes que han muerto resucitan primero.
- Los creyentes que viven se encuentran con Cristo en las nubes.
- Tener una vida cubierta de fe, esperanza y amor.

¿Qué versículo de 1 Tesalonicenses se destaca?

Hermanos, también les rogamos que amonesten a los holgazanes, estimulen a los desanimados, ayuden a los débiles y sean pacientes con todos.

1 TESALONICENSES 5.14

¿Qué significa?

Dios desea que los creyentes sean buenas personas. Una manera de hacerlo es ser como Cristo. ¡Eso significa trabajar duro, ayudar a la gente y nunca rendirse con nadie! Entonces, cuando Cristo regrese, Él sabrá que estamos listos para irnos con Él.

¿Y qué con eso?

Cuando ayudas a los demás, es como si Cristo estuviera trabajando a través de ti para tocarlos. De manera que la siguiente ocasión que veas que alguien necesita ayuda, no lo dudes. ¡Atrévete! ¡Dios recompensará tu bondad!

2 Tesalonicenses

¿Quién escribió 2 Tesalonicenses?

El libro dice que fue escrita por el apóstol Pablo, Silvano (o Silas) y Timoteo.

¿Cuándo se escribió 2 Tesalonicenses?

Hace aproximadamente 1.960 años.

¿De qué trata 2 Tesalonicenses?

En una palabra: Obras.

En unas cuantas palabras: Luego de la primera carta a los Tesalonicenses, algunos creyentes pensaron que Jesús ya había regresado. De manera que Pablo les dijo que no había sucedido; pero algún día sucedería. Mientras tanto, Pablo les dijo a los creyentes que fueran optimistas –que continuaran haciendo el bien y viviendo correctamente hasta que Jesús regresara–.

Segunda de Tesalonicenses además nos habla sobre:

- Los problemas que están enfrentando los creyentes.
- Cuán orgulloso estaba Pablo de la gran fe de ellos.
- La aparición de un hombre de pecado que dirá que es Dios.
- Cómo Dios nos guarda y nos guardará del maligno.

¿Qué versículo de 2 Tesalonicenses se destaca?

Ustedes, hermanos, no se cansen de hacer el bien.
2 Tesalonicenses 3.13

¿Qué significa?

En ocasiones, incluso cuando estamos siendo buenos y haciendo el bien, suceden cosas malas. En los buenos tiempos y en los malos, Dios desea que continuemos confiando en Él. Cuando lo hagamos, tendremos paz. Eso se debe a que sabemos que Él hará que todo resulte bien al final.

¿Y qué con eso?

Confía en Dios. Él te dará la energía y poder para continuar haciendo lo correcto –en las buenas y en las malas–.

1 Timoteo

¿Quién escribió 1 Timoteo?

El libro dice que fue escrito por el apóstol Pablo.

¿Cuándo fue escrito 1 Timoteo?

Hace aproximadamente 1.950 años.

¿De qué trata 1 Timoteo?

En una palabra: Pastores.

En unas cuantas palabras: Timoteo había trabajado con Pablo en muchas ocasiones. Pero ahora era pastor de la iglesia de Éfeso. Por lo tanto, Pablo le escribió a Timoteo, proporcionándole algunos consejos para conducir la iglesia. Él le dijo qué clase de personas podían ser líderes y cómo debían comportarse los pastores.

Primera de Timoteo además nos habla sobre:

- Cómo Pablo solía perseguir a los cristianos.
- Jesús usa a Pablo como ejemplo de la gran paciencia de Dios.
- Cómo debemos orar por todos, incluso por los reyes.
- Cuidar a las viudas y a los niños.

¿Qué versículo de 1 Timoteo se destaca?

Porque el amor al dinero es la raíz de toda clase de males. Por codiciarlo, algunos se han desviado de la fe y se han causado muchísimos sinsabores.

1 Timoteo 6.10

¿Qué significa?

El dinero no es malo; pero sí el amor al dinero. Cuando la gente se enfoca solamente en enriquecerse tiene como resultado infelicidad. Comienzan a contar con que el dinero siempre estará ahí. Pero solamente Dios está siempre ahí para nosotros. Solamente podemos tener un amo: Dios o el dinero. Este es un buen consejo para los miembros de la iglesia y los líderes.

¿Y qué con eso?

Para tener una vida feliz, mantente cerca de Dios. Él es tu verdadera fuente de gozo. Él es todo lo que necesitas.

2 Timoteo

¿Quién escribió 2 Timoteo?

El libro dice que fue escrito por el apóstol Pablo.

¿Cuándo se escribió 2 Timoteo?

Hace aproximadamente 1.950 años.

¿De qué trata 2 Timoteo?

En una palabra: Verdad.

En unas cuantas palabras: Pablo está en prisión en Roma. Por lo tanto, él escribe una carta para animar a Timoteo, quien es como un hijo para él. Pablo le advierte a Timoteo acerca de falsas enseñanzas y de problemas inminentes. Pero Dios permanecerá con Timoteo mientras él permanezca cerca de Dios.

Segunda de Timoteo además nos habla sobre:

- Dios nos da un espíritu de poder, no de temor.
- Los amigos de Pablo le abandonan.
- Pelear la buena batalla de la fe.
- Pablo desea que Timoteo lo visite pronto.

¿Qué versículo de 2 Timoteo se destaca?

Toda la Escritura es inspirada por Dios y útil para enseñar, para reprender, para corregir y para instruir en la justicia.
2 TIMOTEO 3.16

¿Qué significa?

La Escritura nos enseña lo que es verdadero y bueno. Nos capacita para ser como Cristo. ¡Si estudiamos, utilizamos y obedecemos las palabras de la Biblia, estaremos preparados para todo!

¿Y qué con eso?

Lee y estudia tu Biblia. Apréndete de memoria algunos versículos. La espinaca es buena para tus músculos; ¡pero la verdad de Dios puede hacerte mucho más fuerte!

Tito

¿Quién escribió Tito?

El libro dice que fue escrito por el apóstol Pablo.

¿Cuándo se escribió Tito?

Hace aproximadamente 1.950 años.

¿De qué trata Tito?

En una palabra: Gracia.

En unas cuantas palabras: El joven Tito estaba pastoreando una iglesia en la isla de Creta, poniéndola en orden. Pablo le habla a Tito acerca de la *gracia*: el amor y la bondad que Dios nos da. La gracia es un regalo gratuito de Dios, uno que no merecemos. Y no hay nada que podamos hacer para ganarlo.

Tito además nos habla sobre:

- Lo que hace un buen líder de la iglesia.
- La gente de Creta es mala, mentirosa y engañadora.
- Las mujeres mayores les enseñan a las más jóvenes.
- No menospreciar a alguien porque es joven.

¿Qué versículo de Tito se destaca?

El cual fue derramado abundantemente sobre nosotros por medio de Jesucristo nuestro Salvador. Así lo hizo para que, justificados por su gracia, llegáramos a ser herederos que abrigan la esperanza de recibir la vida eterna.

TITO 3.6-7

¿Qué significa?

Debido a que Jesús murió en la cruz, los creyentes son limpiados del pecado. Ahora nada nos separa de Dios, ¡ni siquiera la muerte! Y el Espíritu Santo puede ayudarnos a vivir bien. La gracia de Dios: ¡qué asombroso regalo!

¿Y qué con eso?

Tú eres un hijo especial de Dios. A Él le encanta darte buenas dádivas, ¡como la gracia! Pídele al Espíritu Santo que te dé una vida especial.

Filemón

¿Quién escribió Filemón?

El libro dice que fue escrito por el apóstol Pablo.

¿Cuándo se escribió Filemón?

Hace aproximadamente 1.950 años.

¿De qué trata Filemón?

En una palabra: Perdonar.

En unas cuantas palabras: Pablo le está escribiendo a un creyente llamado Filemón. El esclavo de Filemón, Onésimo, había huido de él. Pablo había conocido a Onésimo cuando estuvo prisionero en Roma. Ahora Pablo estaba enviando a Onésimo de vuelta con su amo. Él escribe esperando que Filemón desee perdonar a su esclavo y recibirlo con brazos abiertos.

Filemón además nos habla sobre:

- Cuánto ayudó Onésimo a Pablo.
- Onésimo es un nuevo creyente y como un hermano para Pablo.
- La disposición de Pablo de pagar lo que Onésimo le debía a Filemón.
- Marcos y Lucas están trabajando con Pablo.

¿Qué versículo de Filemón se destaca?

Sin embargo, no he querido hacer nada sin tu consentimiento, para que tu favor no sea por obligación sino espontáneo.
FILEMÓN 1.14

¿Qué significa?

Dios no desea que hagamos las cosas porque *tenemos* que hacerlas. Él desea que hagamos cosas buenas porque lo *deseamos*. Cuando deseamos hacer las cosas a la manera de Dios, eso significa que todo nuestro corazón está entregado. Significa que tenemos fe en que su manera es la manera correcta.

¿Y qué con eso?

Vivir a la manera de Dios nos da gozo cuando confiamos en Él. Pregúntale a Dios a quién desea que perdones hoy.

Hebreos

¿Quién escribió Hebreos?

El libro no lo especifica; pero algunos creen que pudo haber sido Pablo, Lucas, Bernabé o Apolos.

¿Cuándo fue escrito Hebreos?

Hace aproximadamente 1.945 años.

¿De qué trata Hebreos?

En una palabra: Fe.

En unas cuantas palabras: Esta carta fue escrita a los judíos cristianos. Es por ello que se llama «Hebreos», que es otro nombre de los judíos. El autor les dice a sus lectores cuán mejor es Jesús que los ángeles, Moisés y las leyes judías. A Jesús se le llama el sumo sacerdote de las cosas buenas que vienen. En un capítulo se encuentra una larga lista de los héroes de la fe.

Hebreos además nos habla sobre:
- Enoc caminó con Dios.
- Noé obedeció a Dios antes de ver el diluvio.
- Albergar a los extraños, porque podrían ser ángeles.
- Jesucristo es el mismo ayer, hoy y mañana.

¿Qué versículo de Hebreos se destaca?

Ahora bien, la fe es la garantía de lo que se espera, la certeza de lo que no se ve.
HEBREOS 11.1

¿Qué significa?

Algunos dicen: «Ver para creer». Pero la fe te pide que creas *sin* ver. No podemos ver el aire ni la gravedad, pero sabemos que existen. Dios es igual. No podemos verlo, pero Él está alrededor de nosotros. Cosas asombrosas suceden cuando tenemos fe y esperanza en Dios… y en sus promesas.

¿Y qué con eso?

Puedes estar seguro en Dios y en sus promesas. Luego mira a Dios obrar. ¡Te sorprenderá tu fe!

Santiago

¿Quién escribió Santiago?

El libro dice que fue escrito por Santiago, probablemente el medio hermano de Jesús.

¿Cuándo se escribió Santiago?

Hace aproximadamente 1.950 años.

¿De qué trata Santiago?

En una palabra: Práctica.

En unas cuantas palabras: Santiago le escribió esta carta a los cristianos judíos. Él les dice que si su fe es verdadera, las buenas obras seguirán. Él dice que los cristianos deben practicar su fe al cuidar lo que dicen, hacer la paz con todos, orar y ayudar al necesitado. Los problemas deben ser vistos como oportunidades para incrementar la fe.

Santiago además nos habla sobre:

- Pedirle sabiduría a Dios.
- Ser hacedores de la Palabra, no solo oidores.
- Tratar a todos por igual.
- Resistir al diablo.

¿Qué versículo de Santiago se destaca?

Oren unos por otros, para que sean sanados. La oración del justo es poderosa y eficaz.
SANTIAGO 5.16

¿Qué significa?

Dios desea que nos ayudemos mutuamente. Esto significa orar por los enfermos o quienes están en problemas. Cuando estemos caminando de acuerdo con Dios, nuestras oraciones tendrán poder. Y cosas asombrosas sucederán.

¿Y qué con eso?

¿Conoces a alguien que esté enfermo o que tenga un problema? Practica tu fe al orar por esa persona. No te preocupes por qué decir. Dios conoce tu corazón y la necesidad de la otra persona. No hay problema que la oración no pueda resolver, no hay necesidad que no pueda satisfacer. ¡Eso es poder!

1 Pedro

¿Quién escribió 1 Pedro?

El libro dice que fue escrito por el apóstol Pedro (el nuevo nombre que Jesús le dio a Simón), con la ayuda de Silvano.

¿Cuándo se escribió 1 Pedro?

Hace aproximadamente 1.950 años.

¿De qué trata 1 Pedro?

En una palabra: Firmeza.

En unas cuantas palabras: Los romanos estaban causándoles muchísimos problemas a los cristianos. De manera que Pedro les dice que sean firmes en su fe. Dios continúa teniendo el control; por lo tanto, ellos pueden seguir teniendo gozo aunque se sientan maltratados. Los problemas solamente fortalecerán la fe de un creyente.

Primera de Pedro además nos habla sobre:

- Dios protege a los creyentes con su poder.
- Los creyentes respetan a los líderes terrenales.
- Nosotros seguimos los pasos de Jesús.
- El diablo anda merodeando como un león.

¿Qué versículo de 1 Pedro se destaca?

Humíllense, pues, bajo la poderosa mano de Dios, para que él los exalte a su debido tiempo. Depositen en él toda ansiedad, porque él cuida de ustedes.

1 PEDRO 5.6-7

¿Qué significa?

A veces no estamos seguros de por qué suceden algunas cosas. Pero está bien. No necesitamos saber por qué, porque *Dios* sí lo sabe. De manera que cuando golpean los problemas, necesitamos entregárselos a Dios. Luego, firmes en nuestra fe, podemos mantenernos firmes contra lo que venga a nuestro paso.

¿Y qué con eso?

¿Tienes un problema? No le des la vuelta. Entrégaselo a Dios, luego párate firmemente. Sabe que Él se preocupa por ti. Todo marchará bien.

2 Pedro

¿Quién escribió 2 Pedro?

El libro dice que fue escrito por el apóstol Pedro, también conocido como Simón.

¿Cuándo se escribió 2 Pedro?

Hace aproximadamente 1.945 años.

¿De qué trata 2 Pedro?

En una palabra: Tergiversación.

En unas cuantas palabras: Pedro estaba escribiendo para advertirles a los creyentes. Algunas personas estaban tergiversando las Buenas Nuevas de Jesús. Pedro les dijo a los creyentes que revisaran la Palabra de Dios para obtener la verdad. Entonces ellos podrían evitar las falsas enseñanzas. Cuando Pedro escribió esta carta, él sabía que pronto sería asesinado.

Segunda de Pedro además nos habla sobre:

- Pedro escucha la voz de Dios en el cielo.
- Fábulas que alejan de Dios a la gente.
- Dios sabe cómo mantener a salvo del peligro a su pueblo.
- Cómo Dios no desea que nadie sea destruido.

¿Qué versículo de 2 Pedro se destaca?

Su divino poder, al darnos el conocimiento de aquel que nos llamó por su propia gloria y potencia, nos ha concedido todas las cosas que necesitamos para vivir como Dios manda.
2 PEDRO 1.3

¿Qué significa?

Entre más conocemos a Dios, más nos volvemos como Cristo. Y la manera de llegar a conocer a Dios es leyendo su Palabra. Su Palabra es verdad. ¡La Biblia es nuestro mejor maestro, y el maestro correcto!

¿Y qué con eso?

Pasa tiempo en la Palabra de Dios. ¡Entonces brillarás como Cristo. ¡Y esa es la verdad!

1 Juan

¿Quién escribió 1 Juan?

El libro no lo especifica; pero la iglesia ha creído durante mucho tiempo que el autor fue el apóstol Juan.

¿Cuándo se escribió 1 Juan?

Hace aproximadamente 1.920 años.

¿De qué trata 1 Juan?

En una palabra: Luz.

En unas cuantas palabras: Juan estaba escribiéndoles a los creyentes que habían estado escuchando mentiras acerca de las Buenas Nuevas. Él les recordó que Jesús no solamente era un espíritu. Él había venido a la Tierra en la carne. Muchas personas habían visto y tocado a Jesús. Él era Dios en forma de hombre. Y cuando creemos en Él y lo conocemos, somos salvos.

Primera de Juan además nos habla sobre:

- Dios perdona nuestros pecados cuando se los confesamos.
- La promesa de Dios acerca de que los creyentes vivirán para siempre.
- Los creyentes son los hijos de Dios.
- Nuestras oraciones son algo seguro.

¿Qué versículo de 1 Juan se destaca?

Éste es el mensaje que hemos oído de él y que les anunciamos: Dios es luz y en él no hay ninguna oscuridad.
1 JUAN 1.5

¿Qué significa?

La luz es pura, verdadera y buena. ¡Y Dios es todas esas cosas! Las tinieblas es donde las cosas son escondidas y donde mora la maldad. Con Dios en nuestra vida no necesitamos temer. No hay tinieblas en Él.

¿Y qué con eso?

Recuerda que Dios hace huir las tinieblas. ¡Cuando sientas temor, busca su luz! ¡Y brilla con valentía!

2 Juan

¿Quién escribió 2 Juan?

El libro no lo especifica; pero la iglesia ha creído durante mucho tiempo que el autor fue el apóstol Juan.

¿Cuándo se escribió 2 Juan?

Hace aproximadamente 1.920 años.

¿De qué trata 2 Juan?

En una palabra: Mandamientos.

En unas cuantas palabras: Esta carta fue escrita para una mujer y sus hijos. El escritor está contento de que estos niños estén viviendo conforme a la verdad de Dios: la Biblia. Están haciendo lo que Dios nos ordenó hacer. Cuando amamos la Palabra de Dios, somos bendecidos.

¿Qué versículo de 2 Juan se destaca?

En esto consiste el amor: en que pongamos en práctica sus mandamientos. 2 JUAN 1.6

¿Qué significa?

Jesús nos dio dos mandamientos. En primer lugar, amar a Dios con todo nuestro corazón, nuestra alma y nuestra mente. En segundo lugar, amar a nuestro prójimo como a nosotros mismos. ¡Si todos lo hiciéramos, este mundo sería un lugar celestial!

¿Y qué con eso?

Dile a Dios que lo amas mucho, mucho. Ama a todos los que conozcas. ¡Y recuerda amarte a ti mismo!

3 Juan

¿Quién escribió 3 Juan?

El libro no lo especifica; pero la iglesia ha creído durante mucho tiempo que el autor fue el apóstol Juan.

¿Cuándo se escribió 3 Juan?

Hace aproximadamente 1.920 años.

¿De qué trata 3 Juan?

En una palabra: Sendas.

En unas cuantas palabras: Esta carta fue escrita para un amigo llamado Gayo. Juan está muy contento de que Gayo y otro hombre llamado Demetrio estén siendo fieles a la fe. Ellos han permanecido en la senda correcta. Pero Juan le advierte a Gayo que no sea como Diótrefes, quien es malvado.

¿Qué versículo de 3 Juan se destaca?

Querido hermano, no imites lo malo sino lo bueno. El que hace lo bueno es de Dios; el que hace lo malo no ha visto a Dios. 3 JUAN 1.11

¿Qué significa?

Nosotros tendemos a actuar como las personas con las que andamos. Pero no importa dónde estemos o con quién estemos, Dios desea que seamos buenos. Eso se debe a que somos sus hijos. Y Él desea que seamos como su Hijo Jesús.

¿Y qué con eso?

Sé un buen ejemplo para tus amigos, tus hermanos y tus hermanas. Camina como Jesús caminó.

Judas

¿Quién escribió Judas?

El libro dice que lo escribió un hombre llamado Judas. Él pudo haber sido el medio hermano de Jesús.

¿Cuándo se escribió Judas?

Hace aproximadamente 1.930 años.

¿De qué trata Judas?

En una palabra: Fuerza.

En unas cuantas palabras: Judas es el hermano de Santiago. Judas les está advirtiendo a los miembros de la iglesia acerca de personas que están enseñando mentiras. Él les llamó blasfemos a estos falsos maestros. Ellos se estaban comportando gravemente, e intentaron que los creyentes cristianos los siguieran. Judas deseaba que los verdaderos cristianos se mantuvieran fuertes y no fueran engañados.

Judas además nos habla sobre:

- El ángel principal, Miguel, discute con el diablo por el cuerpo de Moisés.
- La gente que solamente piensa en sí misma.
- Cómo los malos deseos pueden llevar a la gente al pecado.
- Tener bondad con quienes dudan de Jesús.

¿Qué versículo de Judas se destaca?

Ustedes, en cambio, queridos hermanos, manténganse en el amor de Dios, edificándose sobre la base de su santísima fe y orando en el Espíritu Santo.
JUDAS 1:20

¿Qué significa?

Al orar y alabar a Dios, podemos fortalecernos en nuestra fe. Pero a veces no sabemos cómo orar. Está bien, el Espíritu Santo puede guiarnos. Él nos ayudará a fortalecer nuestros músculos espirituales.

¿Y qué con eso?

Cuando no estés seguro de qué orar, pídele al Espíritu Santo que te ayude. Él comprende todo lo que dices, ¡y todo lo que no dices! ¡Él les dará poder a tus oraciones!

Apocalipsis

¿Quién escribió Apocalipsis?

El libro dice que fue escrito por un hombre llamado Juan, probablemente el apóstol.

¿Cuándo se escribió Apocalipsis?

Hace aproximadamente 1.920 años.

¿De qué trata Apocalipsis?

En una palabra: Visiones.

En unas cuantas palabras: Jesucristo le dio una visión

(o «revelación») a Juan acerca de las cosas que sucederán un día. Juan escribe todo lo que ve. Él comienza el libro con el mensaje de Jesús a las siete iglesias. Juan termina el libro hablando de un nuevo cielo y una nueva Tierra.

Apocalipsis además nos habla sobre:

- El Cordero en el trono de Dios.
- Una guerra en el cielo.
- Un dragón rojo con siete cabezas y diez coronas.
- Dos bestias, una del mar y la otra de la tierra.

¿Qué versículo de Apocalipsis se destaca?

Él les enjugará toda lágrima de los ojos. Ya no habrá muerte, ni llanto, ni lamento ni dolor, porque las primeras cosas han dejado de existir.
APOCALIPSIS 21.4

¿Qué significa?

Un día, Dios terminará con toda la maldad. Entonces habrá un nuevo cielo y una nueva Tierra. La morada de Dios será con todos los creyentes. No habrá más lágrimas, muerte ni dolor. ¡Todo será completamente nuevo!

¿Y qué con eso?

Si tú eres creyente, tu nombre está en el Libro de la Vida de Dios. Eso significa que un día vivirás con Dios mismo en una Tierra completamente nueva. Ese sí es un hogar, un muy dulce hogar. ¿Puedes imaginártelo?